财富世界行 系列丛书

U0742209

AMoney Empire

金钱帝国

美国财富世界之旅

Rich World Tour Of America

谢 普/编著

中国出版集团 现代出版社

图书在版编目(CIP)数据

金钱帝国 / 谢普编著. —北京：现代出版社，2016.7(2021.8重印)

ISBN 978-7-5143-5224-5

Ⅰ.①金… Ⅱ.①谢… Ⅲ.①经济概况－美国

Ⅳ.①F171.2

中国版本图书馆CIP数据核字(2016)第160716号

编　　著	谢　普
责任编辑	王敬一
出版发行	现代出版社
通讯地址	北京市安定门外安华里504号
邮政编码	100011
电　　话	010-64267325 64245264(传真)
网　　址	www.1980xd.com
电子邮箱	xiandai@cnpitc.com.cn
印　　刷	北京兴星伟业印刷有限公司
开　　本	700mm×1000mm 1/16
印　　张	9.5
版　　次	2016年12月第1版　2021年8月第3次印刷
书　　号	ISBN 978-7-5143-5224-5
定　　价	29.80元

前言

QIANYAN

多年以来,我们就一直想策划关于G20的图书,经过艰苦努力,如今这个想法终于变成了现实。毋庸置疑,G20已经成为世界上最具影响力的经济论坛之一,而成员国则被视为世界经济界"脑力激荡"、"激发新思维"与财富的代名词。

我常常会在心里问自己:到底什么是财富?什么是经济?有的人可能会说,钱啊!这种说法从某种意义上来说有一定的道理。在这里我要说,只要是具有价值的东西都可以称之为财富,包括自然财富、物质财富、精神财富,等等。从经济学上来看,财富是指物品按价值计算的富裕程度,或对这些物品的控制和处理的状况。财富的概念为所有具有货币价值、交换价值或经济效用的财产或资源,包括货币、不动产、所有权。在许多国家,财富还包括对基础服务的享受,如医疗卫生以及对农作物和家畜的拥有权。财富相当于衡量一个人或团体的物质资产。

需要说明的是,世上没有绝对的公平,只有相对的强弱。有的人一出生就有豪车豪宅,而且是庞大家业的继承人;有的人一出生就只能是穷乡僻壤受寒冷受饥饿的孩子。自己的人生只有改变"权力、地位、财富"中的一项,才可以获得优势的生存机会。那么,财富又被赋予了新的内涵：要创造财富，增加财富，维持财富，保护财富，享受财富；要提高自己的生活质量。

二十国集团是一个国际经济合作论坛，它的宗旨是为推动发达国家和新兴市场国家之间就实质性问题进行讨论和研究，以寻求合作并促进国际金融稳定和经济持续发展。二十国集团由美国、英国、日本、法国、德国、加拿大、意大利、俄罗斯、澳大利亚、中国、巴西、阿根廷、墨西哥、韩国、印度尼西亚、印度、沙特阿拉伯、南非、土耳其共19个国家以及欧盟组成。这些国家的国民生产总值约占全世界的85%，人口则将近世界总人口的2/3。本选题立足二十国集团，希望读者通过阅读能够全面了解这20个经济体，同时，能够对财富有一个全面而清醒的认识。

即使在基本写作思路确定后，对本书的编写还是有些许的担忧，但是工作必须做下去，既然已经开始，我们绝不会半途而废。在编写过程中，书稿大致从以下几个方面入手：

1. 立足G20成员国的经济、财富，阐述该国的经济概况、经济地理、经济历史、财富现状、财富人物以及财富未来的发展战略等。

2. 本书稿为面对青少年的普及型读物，所以在编写过程中尽量注重知识性、趣味性，力求做到浅显易懂。

3. 本书插入了一些必要的图片，对本书的内容进行了恰到好处的补充，以更好地促进读者的阅读。

尽管我们付出了诸多的辛苦，然而由于时间紧迫和能力所限，书稿错讹之处在所难免，敬请各方面的专家学者和广大读者批评指正，我们将不胜感激！

编　者

2012年11月

目录 CONTENTS

开　篇　二十国集团是怎么回事

　　二十国集团，由八国集团（美国、日本、德国、法国、英国、意大利、加拿大、俄罗斯）和11个重要新兴工业国家（中国、阿根廷、澳大利亚、巴西、印度、印度尼西亚、墨西哥、沙特阿拉伯、南非、韩国和土耳其）以及欧盟组成。

二十国集团简介

　　二十国集团,由八国集团(美国、日本、德国、法国、英国、意大利、加拿大、俄罗斯)和11个重要新兴工业国家(中国、阿根廷、澳大利亚、巴西、印度、印度尼西亚、墨西哥、沙特阿拉伯、南非、韩国和土耳其)以及欧盟组成。按照惯例,国际货币基金组织与世界银行列席该组织的会议。二十国集团的GDP总量约占世界的85%,人口约为40亿。中国经济网专门开设了"G20财经要闻精粹"专栏,每日报道G20各国财经要闻。

【走近二十国集团】

　　二十国集团,又称G20,它是一个国际经济合作论坛,于1999年12月16日在德国柏林成立,属于布雷顿森林体系框架内非正式对话的一种机制,由原八国集团以及其余12个重要经济体组成。

二十国集团的历史

二十国集团的建立，最初是由美国等 8 个工业化国家的财政部长于 1999 年 6 月在德国科隆提出的，目的是防止类似亚洲金融风暴的重演，让有关国家就国际经济、货币政策举行非正式对话，以利于国际金融和货币体系的稳定。二十国集团会议当时只是由各国财长或各国中央银行行长参加，自 2008 年由美国引发的全球金融危机使得金融体系成为全球的焦点，开始举行二十国集团首脑会议，扩大各个国家的发言权，它取代了之前的二十国集团财长会议。

二十国集团的成员

二十国集团的成员包括：八国集团成员国美国、日本、德国、法国、英国、意大利、加拿大、俄罗斯，作为一个实体的欧盟和澳大利亚、中国以及具有广泛代表性的发展中国家南非、阿根廷、巴西、印度、印度尼西亚、墨西哥、沙特阿拉伯、韩国和土耳其。这些国家的国民生产总值约占全世界的 85%，人口则将近世界总人口的 2/3。二十国集团成员涵盖面广，代表性强，该集团的 GDP 占全球经济的 90%，贸易额占全球的 80%，因此，它已取代 G8 成为全球经济合作的主要论坛。

【走近二十国集团】

二十国集团是布雷顿森林体系框架内非正式对话的一种机制，旨在推动国际金融体制改革，为有关实质问题的讨论和协商奠定广泛基础，以寻求合作并促进世界经济的稳定和持续增长。

二十国集团的主要活动

二十国集团自成立至今,其主要活动为"财政部长及中央银行行长会议",每年举行一次。二十国集团没有常设的秘书处和工作人员。因此,由当年主席国设立临时秘书处来协调集团工作和组织会议。

会议主要讨论正式建立二十国集团会议机制以及如何避免经济危机的爆发等问题。与会代表不仅将就各国如何制止经济危机进行讨论,也将就国际社会如何在防止经济危机方面发挥作用等问题交换意见。

1999 年 12 月 15 日至 16 日,第一次会议暨成立大会,德国柏林;

2000 年 10 月 24 日至 25 日,第二次会议,加拿大蒙特利尔;

2001 年 11 月 16 日至 18 日,第三次会议,加拿大渥太华;

2002 年 11 月 22 日至 23 日,第四次会议,印度新德里;

2003 年 10 月 26 日至 27 日,第五次会议,墨西哥莫雷利亚市;

2004 年 11 月 20 日至 21 日,第六次会议,德国柏林;

2005 年 10 月 15 日至 16 日,第七次会议,中国北京;

2006 年 11 月 18 日至 19 日,第八次会议,澳大利亚墨尔本;

2007 年 11 月 17 日至 18 日,第九次会议,南非开普敦;

2008 年 11 月 8 日至 9 日,第十次会议,美国华盛顿;

2009 年 4 月 1 日至 2 日,第十一次会议,英国伦敦;

2009 年 9 月 24 日至 25 日,第十二次会议,美国匹兹堡;

2010 年 6 月 27 日至 28 日,第十三次会议,加拿大多伦多;

2010 年 11 月 11 日至 12 日,第十四次会议,韩国首尔;

2011 年 2 月 18 日至 19 日,第十五次会议,法国巴黎;

2011 年 11 月 3 日至 4 日,第十六次会议,法国戛纳;

2012 年 6 月 17 日至 19 日,第十七次会议,墨西哥洛斯卡沃斯。

二十国集团的相关报道

1.加拿大：防止债务危机恶化

作为峰会主席国，加拿大主张：各成员国应就未来 5 年将各自预算赤字至少减少 50% 达成一项协议，以防止主权债务危机进一步恶化；会议应发出明确信号，收紧刺激性支出，即当各国刺激计划到期后，将致力于重整财政，防止通货膨胀。

加拿大还认为，应建立有效的金融调节国际机制，进一步提高银行资本充足率，以防止出现新的金融机构倒闭。不应由纳税人承担拯救金融机构的责任；加强世界银行、国际货币基金组织和多边开发银行的作用，支持国际货币基金组织配额改革，反对开征银行税，认为设立紧急资金是更好的选择。

> **【走近二十国集团】**
>
> 以"复苏和新开端"为主题的二十国集团领导人第4次峰会于2010年6月26日至27日在加拿大多伦多召开。此次峰会正值世界经济出现好转趋势，但欧元区主权债务危机爆发又给全球经济走势增添诸多变数之际。在此背景下，与会的主要发达国家及发展中国家对这次峰会的立场受到国际舆论的高度关注。

此外，加拿大还表示，各成员国应承诺反对贸易保护主义，促进国际贸易和投资进一步自由化，确保经济复苏；增加对非洲的发展援助。

2.美国：巩固经济复苏势头

美国是世界头号经济强国，也是本轮金融危机的发源地。根据美国官方透露的信息，美国政府对此次峰会的主要立场包括：巩固经济复苏势头；整顿财政政策；加强金融监管，确立全球通用的金融监管框架。美国希望与各国探讨国际金融机构的治理改革等问题。

美国财政部官员说，中国日前宣布进一步增强人民币汇率弹性，其时机对二十国集团峰会"极有建设性"。欧洲宣布将公布对银行业进行压力测试的结果，这将有助于恢复市场信心。

【走近二十国集团】

二十国集团的宗旨是为推动已工业化的发达国家和新兴市场国家之间就实质性问题进行开放及有建设性的讨论和研究，以寻求合作并促进国际金融稳定和经济的持续增长。

美方对这两项宣布感到鼓舞。

3.巴西：鼓励经济增长政策

根据从巴西外交部得到的消息，巴西将在二十国集团峰会上提出要求各国继续鼓励经济增长政策、加快金融市场调节机制建设的主张。

巴西认为，当年4月结束的世界银行改革"令人满意"，但在今后几年中还应在各国投票权上实现进一步平等。此外，峰会应从政治层面强调国际货币基金组织改革。

巴西政府主张二十国集团应发挥更大作用，因为当今世界，二十国集团已显示出了高效讨论各种重要议题的论坛作用。同时，二十国集团也需从主要讨论金融危机拓展到其他问题，如发展、能源和石油政策等。

4.俄罗斯：主张二十国集团机制化

俄罗斯曾经在峰会上就二十国集团机制化、推动国际审计体系改革、建立国际环保基金等具体问题提出一系列倡议。

梅德韦杰夫曾经在会见巴西总统卢拉后说，现在需要努力将二十国集团打造成一个常设机构，以便对国际经济关系产生实际影响。

梅德韦杰夫还在接见美国知名风险投资公司负责人时表示,原有的国际审计体系已经被破坏,俄罗斯目前正在制定改革这一体系的相关建议。他说,二十国集团峰会应对关于审计改革的议题进行讨论。

在防范金融风险方面,俄罗斯可能提出两套方案:一是开征银行税并建立专门的援助基金;另一方案是在发生危机时,国家向银行提供资金支持,但危机过去后,银行不仅要返回资金,还要支付罚款。

5.日本:期望发挥积极作用

日本外务省经济局局长铃木庸一则在记者会上表示,在发生国际金融和经济危机、新兴国家崛起等国际秩序发生变化的形势下,二十国集团是发达国家和新兴国家商讨合作解决全球问题的场所,日本可以继续为解决全球问题发挥积极作用。

> **【走近二十国集团】**
>
> 铃木庸一说,从支撑世界经济回升、遏制贸易保护主义的观点出发,二十国集团首脑应表明努力实现多哈谈判早日达成协议的决心。

日本期望峰会能深入讨论如何应对全球性问题并达成一些协议,发达国家和新兴国家能够更多地开展合作,共同致力于解决经济、金融等方面的全球性课题。

6.南非:希望从国际贸易中受益

对于二十国集团峰会,南非政府希望在峰会上重申,南非将与其他国家加强贸易进出口联系,以使其在国际贸易交往中受益。对此,南非方面呼吁重建世界贸易经济交往秩序和规则,予以发展中国家新兴经济体以更多的优惠与权利,与其他发展中国家携手重建世界贸易新秩序。

南非经济学家马丁·戴维斯认为,二十国集团峰会本是西方世界的产物,如今以中国、南非、巴西、印度等新兴经济体为代表的发展中国家需要联合起来，打破国际经济旧秩序，建立更加平衡、公平、长效、利于世界经济全面复兴的新国际经贸秩序。

【走近二十国集团】

在推进国际金融监管改革方面，欧盟将力主就征收银行税达成协议。除此之外，欧盟还提出要在峰会上探讨征收全球金融交易税的可能性。

7.欧盟：实施退出策略需加强协调

对于欧盟来说，在实施退出策略上加强国际协调和继续推进国际金融监管改革，将是其在峰会上的两大核心主张。

欧盟曾经掀起了一股财政紧缩浪潮，但在如何巩固财政和维护经济复苏之间求得平衡的问题上与美国产生分歧。在退出问题上美欧如何协调将是多伦多峰会的一大看点。

8.印度：征银行税不适合印度

印度政府官员表示，在峰会上，新兴经济国家与发达国家在如何促进世界经济复苏的问题上将产生不同意见。

各国应对金融危机的情况不同，经济增长形势不同，西方国家必

须认识到这一点。

印度官员指出,欧盟目前被一些成员国的财政赤字和债务危机所困,法德两国都希望收缩开支。但德国如果采取财政紧缩政策,它可能会陷入双重经济衰退,而且整个欧盟的经济也将随之收缩,这不利于世界经济复苏。

印度官员同时表示,美国政府最近提出要征收银行税和加强对银行的政策限制,西方很可能要求印度等国也采取类似措施,但这并不适合印度,因为印度的金融体系相当健康。

9.中国:谨慎决策防范风险

中国外交部副部长崔天凯曾经在媒体吹风会上说,多伦多峰会是二十国集团峰会机制化后的首次峰会,具有承前启后的重要意义。中方希望有关各方维护二十国集团信誉与效力,巩固该集团国际经济合作主要论坛的地位。

中方在此次峰会上强调,为推动全球经济稳定复苏,各国应保持宏观经济政策的连续性和稳定性;根据各自国情谨慎确定退出战略的时机和方式;在致力于经济增长的同时防范和应对通胀和财政风险;反对贸易和投资保护主义,促进国际贸易和投资健康发展。

中方还指出,为实现全球经济强劲、可持续增长,发达国家应采取有效措施解决自身存在的问题,以减少国际金融市场波动;发展中国家应通过改革和结构调整,以促进经济增长。

集团宗旨

二十国集团属于非正式论坛,旨在促进工业化国家和新兴市场国家

【走近二十国集团】

二十国集团还为处于不同发展阶段的主要国家提供了一个共商当前国际经济问题的平台。同时,二十国集团还致力于建立全球公认的标准,例如在透明的财政政策、反洗钱和反恐怖融资等领域率先建立统一标准。

就国际经济、货币政策和金融体系的重要问题开展富有建设性和开放性的对话,并通过对话,为有关实质问题的讨论和协商奠定广泛基础,以寻求合作并推动国际金融体制的改革,加强国际金融体系架构,促进经济的稳定和持续增长。

2011巴黎G20财长会议

全球瞩目的二十国集团财政部长和央行行长会议于当地时间2011年10月15日在法国巴黎闭幕,此次会议是在全球经济尤其是欧债危机深度演化的背景下召开的,吸引了各方关注。

会上,各成员国财政领袖支持欧洲方面所列出的对抗债务危机的新计划,并呼吁欧洲领导人在23日举行的欧盟峰会上对危机采取坚决行动。

此外,与会各方还通过了一项旨在减少系统性金融机构风险的大银行风险控制全面框架。

在本次财长会上,全球主要经济体对欧洲施压,要求该地区领导人在当月23日的欧盟峰会上"拿出一项全面计划,果断应对当前的挑战"。

呼吁欧元区"尽可能扩大欧洲金融稳定基金(EFSF)的影响,以便解决危机蔓延的问题"。

有海外媒体报道称,欧洲官员正在考虑的危机应对方案包括:将希腊债券减值多达50%,对银行业提供支持并继续让欧洲央行购买债券等。

决策者还保留了国际货币基金组织(IMF)提供更多援助,配合欧洲行动的可能性,但是对于是否需要向IMF提供更多资金则意见不一。

当天的会议还通过了一项旨在减少系统性金融机构风险的新规,包括加强监管、建立跨境合作机制、明确破产救助规程以及大银行需额外增加资本金等。

根据这项新规,具有系统性影响的银行将被要求额外增加1%至2.5%的资本金。

二十国集团成员同意采取协调一致措施,以应对短期经济复苏脆弱问题,并巩固经济强劲、可持续、平衡增长基础。所有成员都应进一步推进结构改革,提高潜在增长率并扩大就业。

金融峰会

二十国集团金融峰会于2008年11月15日召开,作为参与国家最多、在全球经济金融中作用最大的高峰对话之一,G20峰会对应对全球金融危机、重建国际金融新秩序作用重大,也因此成为世界的焦点。

金融峰会将达成怎么样的结果?对今后一段时间的全球经济有何推动?对各大经济体遭受的金融风险有怎样的监管和控制?种种问题,都有待回答。

第一,拯救美国经济,防止美国滥发美元

目前美国实体经济已经开始衰退,为了刺激总需求,美联储已经将基准利率降到了1%,并且不断注资拯救陷入困境的金融机构和大型企业,这些政策都将增加美元发行,从而使美元不断贬值。

美元是世界货币,世界上许多国家都持有巨额的美元资产,美国

【走近二十国集团】

如何拯救美国经济,防止美国滥发美元;要不要改革IMF,确定国际最后贷款人;必须统一监管标准,规范国际金融机构活动。这里对峰会做出的三大猜想,一定也有助于读者更好地观察二十国集团金融峰会的进一步发展。

滥发货币的行为将会给持有美元资产的国家造成严重损失。因此，金融峰会最迫在眉睫的任务应是防止美国滥发货币，而为了达到这个目的，各国要齐心协力拯救美国经济，这集中体现在购买美国国债上。

截至 2008 年 9 月 30 日，美国联邦政府财政赤字已达到 4548 亿美元，达到了历史最高点，因此，美国财政若要发力，需要世界各国购买美国国债，为美国政府支出融资。因此，G20 的其他成员要步调一致，严禁大量抛售美国国债，只有这样，才能稳住美国经济，自己手中的美元资产才能保值增值。

第二，改革 IMF，确定国际最后贷款人

查尔斯·金德尔伯格在其脍炙人口的《疯狂、惊恐和崩溃：金融危机史》里指出，最后贷款人对解决和预防金融危机扩散至关重要。如果危机发生在一国之内，该国的中央银行可以充当这一角色，但是如果其演变为区域性或全球性金融危机，就需要国际最后贷款人来承担这一角色了。

1944 年成立的国际货币基金组织（IMF）就是为了稳定国际金融秩序而建立的一个国际最后贷款人。但是，IMF 本身实力有限，只能帮助应对规模较小的金融危机，而且一直受美国利益的支配，在援助受灾国的时候，往往附加苛刻的政治条件，限制了受灾国自主调控经济的自主性，往往在解决金融危机的同时导致严重的经济衰退。

【走近二十国集团】

在国际范围内，既不存在世界政府，也没有任何世界性的银行可以发挥这种功能，但是如果 G20 能够达成一种世界性的协议，共同应对更大规模的危机（例如由美国次贷风暴所引发的金融危机），将成为一种次优选择。

在这次峰会中，G20 其他成员，尤其是新兴经济体将更多地参与到 IMF 改革中来，包括要求更多的份额、在决策中拥有更多的发言权等。但是 IMF 的问题还不止于此。IMF 成立之初主要为了应对贸易赤字所带来的国际收支失衡,但是今天的问题是资本流动成了影响一国国际收支的主要因素,在巨量的资本流动面前,IMF 发挥的"救火"功能十分有限。在这种情况下,应确定规模更大的、协调功能更好的、能应对巨额资本流动冲击的国际最后贷款人。

第三,统一监管标准,规范国际金融机构活动

这次危机的根源之一是美国金融监管过度放松。作为金融全球化的主要推动者,美国对其金融机构和金融市场创新的监管越来越宽松,在这种宽松的环境下,其投资银行、商业银行和对冲基金等金融机构高杠杆运营,在全球其他国家攻城略地,屡屡得手。例如,1992 年的英镑和里拉危机,1997 年的亚洲金融危机,在很大程度上都是对冲基金兴风作浪的结果。由于这些机构在全球运行,可以通过内部交易或者跨国资本交易来逃避世界各国的金融监管,因此,统一监管标准,规范国际金融活动,就成了除美国之外,G20 其他成员的共同心声。美国也想加强金融监管,但是它更清楚要掌握监管

规则制定的主动权。如果放弃主动权,美国在国际金融体系中的霸权地位将会被极大撼动,这是美国金融资本所不愿看到的,而这也恰恰是 G20 其他成员的金融资本所诉求的。欧盟成员国在这个问题上早早表明了立场,预计在金融峰会上,美国或者置之不理,或者与 G20 中的欧盟成员国展开一番唇枪舌剑。经济和政治犹如一对孪生兄弟,如影随形。这次金融峰会不光要应对全球经济危机,更关系到美国相对衰落之后的全球利益调整。这个讨价还价的过程不是一次金融峰会就可以解决的,未来更多的峰会将接踵而来。目前,中国是世界上仅次于美国的第二大经济体,拥有全球最多的外汇储备,其他各国都盯住了中国的"钱袋子",更加关注中国的动向。中国应抓住这次世界经济和政治格局调整的机会,主动发挥大国的作用,参与国际规则的制定,为中国的崛起、为全球金融和经济的长治久安做出自己的贡献。

【走近二十国集团】

二十国集团成员涵盖面广、代表性强,该集团的GDP占全球经济的90%,贸易额占全球的80%,因此已取代G8成为全球经济合作的主要论坛。

第一章　美国凭什么成为经济老大?

——比尔·盖茨成了财富的代名词

从成立的那一天起,新独立的美利坚合众国就扶持资本市场以发展工业、建立强大的联邦政府,所以才有了今天强大、不可一世的美国。而美国的金融体系发展到当代,早已经演变成一种垄断的权力体系,形成金融霸权掠夺社会大众财富的金字塔结构。

　　人类历史上，以金钱代表的财富面孔已变化了许多。就大的时代来说，可以分成农耕时代、工业时代和信息时代。每一个时代中财富的代表物都是不同的。在农耕时代，土地就是金钱的脸。人们追求创富的努力方向也与各个时代财富的代表物有决定关系，想创富的人不可不理解这一现象，不可不认清金钱的面孔，改变不符合时代的财富观。

　　在农耕时代，富人是那些拥有大片肥沃农田的人。如果你没有出生在这个群体中，那么你就是平民，也就没有什么机会成为当权者。90∶10的规律控制着人们的生活，因此，有10％的人因为婚姻、生育和征服的缘故能够掌权；其他的90％的人成为奴隶或者农民，挥汗耕耘而又一贫如洗。

第一节　谁是金融巨兽

从成立的那一天起,新独立的美利坚合众国就存在着两种截然不同的治国理念:扶持资本市场以发展工业、建立强大的联邦政府,或是走发展农业的道路以杜绝投机行为,以及限制联邦政府的权力。美国第一任财政部长亚历山大·汉密尔顿代表了前者,而长期与汉密尔顿对峙的美国第三任总统托马斯·杰斐逊则代表了后者。同样是美国的开国元勋,但由于理念不同,他们之间的争斗从未间断,追随他们的后来者围绕这两种理念进行的对抗也持续到了今天。可占上风的却总是汉密尔顿那一派,所以才有了今天强大、不可一世的美国。

而美国的金融体系发展到当代,早已经演变成一种垄断的权力体系,形成金融霸权掠夺社会大众财富的金字塔结构。这一金融体系从美联储诞生的那一天起,就制造了无数次金融危机,

▲战争时期的亚历山大·汉密尔顿

包括20世纪30年代的大萧条。

【认识美联储】

美联储的全称是美国联邦储备委员会，它事实上是美国的第三个中央银行。汉密尔顿借鉴英国的银行体制，为确保新独立的美国的持续发展和繁荣制订了一系列计划：成立美国第一银行，建立标准的货币体系，支持中央银行帮助征收消费税，为新独立的美国建立金融秩序，在国内外建立信贷体系。

但开国元勋杰斐逊却极力反对成立央行，他反对的理由来自于《美国宪法》。他认为宪法没有授权联邦政府建立国家银行，并指出联邦政府的权力必须下放到州政府的手中。杰斐逊与詹姆斯·麦迪逊（美国第四任总统）联手组建了民主共和党，极力反对并想方设法阻止汉密尔顿创办美国央行。

汉密尔顿据理力争，试图说服华盛顿总统和国会，他强调，宪法授权国家政府征收税款、借贷资金等，建立央行能够有效地帮助政府履行那些职能。在汉密尔顿的敦促下，华盛顿总统于1791年签字同意成立中央银行，之后这一法律草案获得国会批准，而中央银行获得授权的特许运营执照的有效期为20年，至1811年到期。到期之后，由国会决定是延长其特许运营执照的期限，还是拒绝银行继续营运。

美国第一个央行——美国第一银行在激烈的争议声中终于成立了。不过，华盛顿总统在签字时专门加了注解：国家银行的功能是为政府征收税款和储存联邦基金，发行货币，将资金借贷给政府部门，同时为投资者

▼军事生涯中的华盛顿总统

提供资金来源,起到资本"血库"的作用。这一授权无疑使联邦政府的权力凌驾于州政府之上,因为在美国第一银行营运期间,任何人不得授权成立其他的联邦银行,而地方银行和跨州的银行则可以由州政府授权自由成立,多少不限。

自那个时候起,美国第一银行便开始向购买股票的投资者派发红利。到了1811年,美国第一银行的营运执照到期,当时正是美国第四任总统、《美国人权法》的起草者詹姆斯·麦迪逊执政第二年。由于当初麦迪逊未能成功阻止央行成立,所以他与汉密尔顿绝交。麦迪逊当上总统后,便自然是任由美国第一银行的营运执照到期,而不再延续其经营权。

尽管美国第一银行不再是央行了,但银行仍然继续营运,红利也还在继续派发,其间只有一年的红利被政府要求暂停发放。从那时开始,红利居然派发了214年。虽然红利的数字是不对外公布的,但据最保守估计,该银行所派发的红利已达到它当初拥有的720万美元资金的上百倍。

美国第二家央行——美国第二银行于1816年成立了。麦迪逊任命威廉·琼斯为银行总裁并签署相关法律草案。但美国第二银行始终控制在英国央行,乃至外国投资者的手里,它的规模特别大,涵盖了全美15%~20%的银行贷款,占货币流通量的40%,却按50%的储备金标准发行货币,行为极其谨慎。而其他银行只按10%~25%的储备金标准发行货币。当时美国的黄金和白银

▲ 美国得克萨斯州

储备又捉襟见肘,货币流动性严重不足,阻碍了国家满足不断增长的经济需求。

为抵制通货膨胀和银行的宽松信贷政策,一种与金银储备挂钩的金属通货在1836年发行了。杰克逊发布《铸币流通令》(Specie Circular):凡购买政府土地的买家,都必须支付金属通货。结果造成了巨大的金属通货需求量。可是,许多银行根本没有足够的货币去换取金属通货。于是,大量面临金属通货短缺的银行纷纷倒闭,引起1837年的银行大恐慌。

在大恐慌中,全美850家银行中有343家倒闭了,还有62家处于半倒闭的状态。比德尔所代表的银行机构把大恐慌和经济衰退归罪于杰克逊的经济政策。比德尔得意地以为,只要金融危机爆发,中央银行存在的必要性就必将凸显出来,国会势必再一次恢复中央银行的营运。

然而这一次,比德尔的如意算盘打错了,他碰到的总统不是软柿子,最后,不但他的银行遭到"封杀",而且商人和农民也都愤怒地指责银行不负责任。比德尔可谓搬起石头砸了自己的脚。由于美国第二银行失去了政府这一大块存款资金,它的经营出现了困难。美国第二银行在1836年经营权限到期之后转到地方,在摇摇欲坠的状态下硬撑了几年。3年后,比德尔被迫下台,美国第二银行再也无力支撑,只好在1841年宣布倒闭。

如今,在杰克逊总统的墓碑上,我们只能看到一句话:"我杀死了银行!"美国第二银行"被杀"之后,便由各个州政府授予银行经营权,银行回到了分散的状态。此后70多年间,美国就再也没有任何形式的中央银行。

当年,比德尔利用央行制定国家财政政策这一独特的权力,不计后果地推行紧缩货币政策,绑架国家和人民的利益,人为地制造了一场银行大恐慌,目的在于重新获得央行的经营权。可见央行的权力与地位,对于银行家来说至关重要。

然而,美国第三次出现的建立中央银行的呼声,却也是来自大恐慌。因为在19世纪末叶,美国的银行陷入危机的情况越来越频繁,造成的灾难也越来越严重。特别是在1907年银行大恐慌中,多家信贷银行倒闭,广大储户的损失不计其数。美国财政部总共投入3 700多万美元救市,到恐慌接近尾声时,财政部的周转资金仅剩500万美元,基本上已弹尽粮绝。而纽约证券交易所因缺乏短期贷款作为营运资金,只差15分钟就要面临休市的窘境。是J.P.摩根自掏腰包带头融资,并召集纽约银行家筹措资金,才避免了灾难向纵深发展。不过,关于1907年银行大恐慌,还另有一种说法:是J.P.摩根制造并利用了大恐慌,在美国酝酿出一种情绪,使公众相信只要美国有央行,类似的大恐慌就不会再次发生。

两种说法究竟孰对孰错?还是那句话,凡事看结果。从J.P.摩根在大恐慌中所得的利益来看,后一种说法的可信度非常高。由于1907年银行大恐慌,股市从1906年的高点下挫近50%,许多健康企业的股票价格跟着大市一起下跌。J.P.摩根却以低价购进了相当多的股票,他捡了多少个"钱包",也只有他自己和上帝知道了。

▼罗斯柴尔德家族

J.P.摩根的另一大收获,是获得英国罗斯柴尔德家族在美国的头号代理人的地位。这里,我们讲个小故事便可以证明。J.P.摩根的生意伙伴亨利·戴维森(美联储的开拓者之一)于1914年8月前往

英国,为J.P.摩根公司做成一笔与英国央行的交易——垄断英国和法国的战争债券承销业务。这样一来,英国央行便成为J.P.摩根公司的"财政代理",而J.P.摩根公司也成了英国央行的"财政代理"。与此同时,J.P.摩根公司作为供应商为英国和法国投资战争装备,在为两国政府筹资和采购的活动中,J.P.摩根公司获得了巨额利润。J.P.摩根在欧洲获得的特殊"待遇",当然与罗斯柴尔德家族密不可分。

J.P.摩根最重要的收获来自于大恐慌过后,他召集金融专家、民主党与共和党两党首领以及参议院共和党领袖纳尔逊·奥尔德里奇,于1910年11月22日在杰基尔岛举行了一次秘密会议。此次会议唯一的目的,就是重建美国央行。

【福布斯这样说】

福布斯在他的著作中,是这样描述那次秘密会议的:

……美国最杰出的银行家在夜幕的掩护下全部隐瞒姓氏,悄悄地从各处聚集到新泽西州,进入奥尔德里奇在列车上的私人包厢,神秘地朝着南边100英里的某个地方出发了。最后,除了仆人,其他所有的人被悄悄地留在一个岛屿上,在保密程度极高的环境中整整待了一个星期,这是美国金融史上最隐秘的一次远征……奥尔德里奇向皮亚特·安德鲁、亨利·戴维森、弗兰克·范德里普和保罗·沃伯格透露,要把他们关在杰基尔岛,与整个世界隔离,直到他们为美国勾勒出科学的货币体系,描绘出真正的联邦储备系统的蓝图……库恩勒布公司的合伙人保罗·沃伯格是将奥尔德里奇的计划与当前的联邦储备系统联系在一起的总设计师,他是把联邦储备系统的构想变成现实的人。

正应了中国人的一句俗语:若要人不知,除非己莫为。安排如此周密的会议,还是被一位嗅觉灵敏的记者察觉了。这个记者就是著名的《福布斯》杂志创始人——伯蒂·查尔斯·福布斯。那时的福布斯只是某财经杂志的编辑兼另一家报纸的专栏作家。不过,这一秘密被披露是3年后的事了,此时美国联邦储备系统早已投入运行,令反对这一系统的人士捶胸顿足。而这时奥尔德里奇已经作古,J.P. 摩根也已不在人世。这真可谓"一代人有一代人的使命",而他们已经完成了他们的"使命"。

《联邦储备法》就这样堂而皇之地出炉了，英国银行这次终于又能渗透到美联储了。这才有了J.P.摩根在英国和法国获得的利益，尤其是在第一次世界大战和大萧条中，正当人类文明和财富遭遇大毁灭之时，J.P.摩根的金融帝国却走向了最高峰。位于华尔街23号的"摩根王国"总部，也因此在美国金融史上留下了重要的一页，并且其巅峰期长达几十个年头，触角还伸到了欧洲。

J.P.摩根为了个人利益，在制定《联邦储备法》的过程中扮演的角色是否出卖了美国人民的利益？回顾这段历史，中国必须特别警惕像J.P. 摩根这样的人——他为了个人利益不惜牺牲大众利益，甚至国家利益。但愿这是我们在杞人忧天。

J.P.摩根的私营银行，摩根担保信托（the Morgan Guaranty Trust）因此购买了大量的美联储股票，成为美联储永久性的最大股东之一。因为《联邦储备法》规定：拥有美联储股票是成为联邦储备系统成员的必要条件，其股票不可以公开出售、交易，或者被当成贷款抵押物，每年红利最多可达6%。如今我们再看看，在金融危机最严重的2009年，美联储的利润也创下从未有过的573亿美元的历史新高，由此，我们不难想象央行所拥有的权力和利益，无怪乎银行家向来是为此不择手段。

这里我们不得不再提一句，美联储是私营银行，是一个独立的职能部门，因其股票不

▼ 美联储总部

可以公开出售、交易，或者被当成贷款抵押物，所以其利润也不必与他人分享。而臭名昭著的高盛集团也是如此。高盛自成立以来一直采用合伙制，100多年来合伙人之间为企业是否公开上市争论不休。高盛于1999年才作出历史性的决定，进行首次公开募股，并且只将一小部分股权投放到市场上，公开上市的股份也只有12%。为什么？那就是因为它不愿意看到自己的利润被他人盘剥。这一点进一步证明，高盛开给中资银行的"药方"——引进"外资战略伙伴"，是多么别有用心，其目的就是劫掠中国财富。

第二节　美联储与金融

当年，美国人以为，只要美联储开始运作，美国就能防范经济危机，从此天下太平，人人安居乐业。不料，在美联储成立15年后的1929年，华尔街股市出现大崩盘，使美国陷入历史上最严重的大萧条，连全球经济都在劫难逃。美国国会议员、金融家迈克·法登勇敢地走上国会讲坛，严厉抨击美联储：

这个邪恶的机构摧毁了美国，使美国人民陷入贫困，甚至破产，实际上也使我们的政府破产了。美国联邦储备委员会通过利用法律的缺陷在运作中达到了自身目的，并通过它所控制的金钱用尽了计谋实施腐败。有些人认为美国的联邦储备银行是美国政府机构。它们不是政府机构，而是代表着私营信贷垄断。它们在窃取美国人民的利益之后，养肥了它们自己和它们的外国客户，以及国内外的投机分子、骗子、富人和贪婪的放贷者……那些藏身在黑暗里的金融海盗会割断人的喉咙，从他们的口袋里得到美元，会用金钱收买选票来控制我们的立法……

在市场急需流动资金的非常时期，美联储却采取紧缩货币政策，导致了1931年、1932年和1933年的银行倒闭潮。引来众多争议的美联储立刻成为众矢之的。疑问渐渐地产生了：是不是美联储提高了繁荣与萧条周期的频率？人们之所以会产生这样的疑问，是因为它具备制造繁荣与萧条的能力：

美联储作为美国的央行，可以随意发行货币，也可以采取紧缩货币的政策；它也可以随时更改银行准备金的标准或者贴现率。它还能决定整个国家的银行利率。

所有这些功能，都影响着每一个美国人的生活，不管他们处于何种经济地位。当然穷人是变得更穷了，而位于财富金字塔顶端的占总人口1%的富人，就将变得更富有。所以托马斯·杰斐逊指出："我坚信银行机构对我们的自由形成的威胁，比敌人的军队更严重……"

这话并非危言耸听。达尔文提出的"优胜劣汰"原则也适用于资本的运作——强者通过成功吸引更多的财富和资本将变得更强，弱者就将忍饥挨饿，直至死亡。昨天险些被吃掉的羊（新独立的美国），到今天已脱胎换骨，成就了金融巨兽，它搭好了劫掠财富的平台，世界上什么地方的经济繁荣，这只巨兽的魔爪便伸向那里，南美国家、日本都曾是它掠夺的目标，现在它正把目光移向中国。

第三节　金融资本的进攻

自改革开放的总设计师邓小平打开国门的政策实施后，为了促使中国工业和农业生产力迅速提高，中国政府强调引进世界先进管理系统，引进外国资本，以改善中国人民的生活水平。政府的愿望是美好的，其举措也是行之有效的。自此，国家基础设施、重工业，以及私营企业，特别是出口业，在国家投资的带动下齐头并进，使占中国总人口70%的劳动大军创造了60%的GDP。而以出口为平台的经济战略又使中国领先于韩国、新加坡和马来西亚这些以出口为导向的经济体，对外贸易成为中国经济增长的支柱之一。由于这

▲ 纽约一瞥

【美国经济与中国】

人们常说"以史为鉴"，历史是一面镜子，也可以帮助我们预测未来。翻开过往的历史再来看现在，我们发现资本会在抢夺利润之后转身离去，向来如此。金融霸权已将矛头对准中国，它们以华尔街为战舰，以雄厚的金融资本为武器，以股市和房地产市场泡沫为暗器，对中国进行全面的进攻。它们的目的只有一个：最大限度地掠夺中国财富。

一经济结构调整,中国的GDP在30年间增长10倍,这是举世瞩目的成就。邓小平同志发展"社会主义市场经济"的规划取得了成功。

特别是对外输出"中国制造"的出口业,可说是得益于20世纪80年代中期的一些举措。那时中央决定在长江三角洲、珠江三角洲和闽南厦漳泉三角地区开辟沿海经济开放区,由此吸引了大批港商。他们凭借同文、同族和地理上的优势率先北上投资。邓小平南行之后,台商也大量涌入内地,此时港澳台投资额占了外商投资总额的80%,且带动了一大批乡镇企业,形成从事加工生产的制造业,生产国内所需商品和一系列出口产品,推动了中国经济的发展。

到了20世纪90年代,外国资本才逐渐涌入各个经济特区,使国家规划以外的投资迅速增加,令经济特区的各种商品产量和价格不断提升,从而带来了通货膨胀的压力。由于担心恶性通胀,中国政府要求银行收回投机性贷款和提高利率,并重新评估投资项目。政府的一系列政策,使通胀率从1995年的17%以上下降至1996年年初的8%,其间经济增长并没有放缓,继续以9.5%的增速迈进,并且这一过程伴随着低通胀率。此后3年间,经济增长速度分别达到8.9%、7.8%和7.1%。到了2000年,GDP与1978年相比翻了一番。

中国经济的崛起,使金融霸权垂涎欲滴,它们在暗地里策划了1997年的亚洲金融危机。它们首先从中国周边的国家开始,用对冲基金作为直接进攻武器,大举扫荡亚洲各国,以缩减亚洲经济的规模,并且在最后对中国香港实行了一次进攻。幸亏中国政府所制定的长远的改革目标——使国有企业继续占据国民经济主导地位,加强中央对金融系统的控制,以及不能自由兑换的人民币汇率制度,使中国避免了一场灾难。

虽然亚洲金融危机并没有直接影响中国,但是外国的直接投资减少了,因此中国出口额大幅下降。而此时,中国加入世界贸易组织的谈判启动已有12个年头,之前,中国已确定减少了4 000多个关税项目,平均关税税率从35%降到23%,到1997年进一步降到17%。直到2001年年底,当中国加入世界贸易组织的谈判进行到第16个年头时,中国才终于成为该组织成员国,这为其他成员国大举进军中国市场铺平了道路,也为中国的出口扫清了障碍。

中国打开国门后,外国资本和美国的消费者也获得了巨大的利益。我们以美国最大的零售商沃尔玛为例。沃尔玛已证明自己非常善于建立有效的供应链:从它在中国设立的工厂到通过集装箱船进行的货物运输,再到美国的购物中心内的超市,直至网站上的价目表,一环紧扣着一环。

第四节 沃尔玛财富帝国

美国《财富》杂志在2008年7月9日公布的数据显示,在2008年的《财富》全球500强排行榜上,如果按销售额排名的话,那么美国零售业巨头沃尔玛公司将以3 788亿美元的年销售额蝉联榜首。沃尔玛的财富从何而来?当然主要来自中国。

几十年来,沃尔玛一直恪守的原则就是绕开中间商,直接从

▼ 沃尔玛超市

工厂进货,通过沃尔玛的口号"天天低价",我们可以看出它采取的就是薄利多销的经营战略。沃尔玛不可能靠提高商品的价格增加利润,但可以通过降低成本来做到这一点。沃尔玛将目光投向亚洲,盯住了中国。沃尔玛为美国和其他地区从中国采购商品近20年,拥有5 000家以出口为导向的工厂,还有两万多个中国供应商,并在中国开设超市。为提高利润,沃尔玛还鼓励自己的供应商转移到中国市场,因为中国提供的是一个天赐良机,去中国是伟大的成功方案。

沃尔玛,美国最大的零售商,变成了中国第七大出口伙伴,已领先于英国。"中国制造"已经遍布美国的各个角落。如果你从沃尔玛超市的货架上把"中国制造"全都取下来,那么相信货架很快就空了。有一个美国人曾经赌气地宣布,他将停止使用"中国制造"。但一个星期过后,这个可爱的美国人不得不收回他的话,甚至泄气地说,离开了"中国制造",他简直无法正常生活。

在这个世界上,没有一个资本家不追逐利润,这是由资本的本性所决定的。先进、科学的企业管理系统,是资本家赖以生存的根本,是他们剥夺剩余价值的金钥匙,把管理经验教给中国企业,他们还靠什么追逐利润? 因此,中国政府倡导引进外国资本的用意原本是好的,但其效果在一定程度上被扭曲了。结果如何? 外国资本在产业链的上游,残酷剥削着被压在金字塔底、出卖廉价劳动力的中国工人,以及泰国和孟加拉国等亚洲国家的工人。

这里就以北美人常穿的雪

【实话实说】

国际资本争先恐后地涌入中国,在中国投资房地产或者银行资产,特别是开设大量的工厂。从表面看,外国资本给中国创造了就业机会,有助于解决农村剩余劳动力问题,而伴随着外国资本的运作,中国经济呈现一派红红火火的景象。但透过繁荣的表象,我们会发现,这后面隐藏着以美国为首的西方国家设下的巨大圈套:外国资本残酷剥削中国劳动力,为捞取丰厚利润使中国在不知不觉中被迫沦为其成本最低的"世界工厂"。

鞋为例。一双雪鞋在美国的沃尔玛超市的标价是60美元，就算赶上季末大减价，打了1/3的折扣，一双雪鞋也要卖到40美元。可中国生产一双雪鞋，大约只挣2美元，甚至可能连2美元都挣不到。这中间的利润被谁盘剥了岂不是一目了然？而挺进中国的品牌公司多如牛毛，如阿迪达斯、迪斯尼、耐克、沃尔玛……

我们再以孟加拉国为例。在沃尔玛设于孟加拉国的制衣厂，一个为沃尔玛打工的负责缝纫的少女典型的一天是这样的：在早上5点半醒来，像其他所有在工厂做工的少女那样，用手指蘸着火炉里的灰烬，开始刷牙。她们没钱买牙刷（一把牙刷售价为25美分）或牙膏（一筒牙膏售价为51美分），而她们在沃尔玛打工挣到的钱少得可怜，甚至每天只有55美分。那些可怜的少女，每天还要遭受种种不人道的待遇：

工厂以替员工检查疾病为由，强制进行血液测试，一旦发现女工怀孕，立刻将其解雇；

工厂因担心雇员偷东西，将用于紧急逃生的消防通道的门全部锁住；

工人必须经过允许才能使用卫生间；

工厂强制要求员工每天至少工作14个小时（工资标准为13美分/小时），甚至一天工作24个小时，一个星期工作7天；

工作环境极差，没有通风设备，导致员工染上罕见的疾病。

沃尔玛凭借"天天低价"所创下的蝉联《财富》全球500强榜首的纪录，就是通过那些血汗工厂进行剥削得来的。沃尔玛的工人没有保险，

▶ 沃尔玛超市开业场景

没有养老金，没有产假，没有年假，也没有婚假和丧葬假。而沃尔玛销售的每一件衬衫的成本（包括人工成本）是多少？仅仅20美分！如果沃尔玛把每件衬衫的成本提高到39美分，那么孟加拉国的女工们就可以买把牙刷用牙膏刷牙了，这是人的最基本的生活权利。

【仗义直言】

人，不管是男人还是女人，也不管是在西方还是在东方，都是父母生、父母养的，哪怕他们出生在穷困的家庭，无法接受良好的教育，当他们努力工作、为社会付出时，他们都应该得到公平的薪酬，而不该存在高低贵贱之分。

但以沃尔玛为代表的外国资本却强调：凭什么非得向"廉价劳动力"支付"高工资"？就算外国资本伪装得再巧妙（以解决当地就业难诱惑政府），资本的丑恶嘴脸在此也将暴露无遗——它们是在利用苦役。在当代社会，利用苦役的现象早该不复存在。不管把哪个国家的工人当成苦役，都是西方强权对人类文明的践踏，代表外国资本对弱势国家的蔑视与侵略。

外国资本将落后的、遭淘汰的、不符合欧美环境保护标准的工厂转移到了中国。比如垃圾焚烧这一美国和欧洲处置垃圾的夕阳技术却被美欧国家输入中国，并且它们还将其美化为中国的朝阳技术大力推广。挺进中国的有美国最大的垃圾发电公司卡万塔集团、法国的威立雅和比利时的吉宝西格斯（Keppel Seghers）。这些跨国公司在中国人口密度极大的上海、广州、重庆等城市建立了垃圾焚烧厂。

为什么我们将垃圾焚烧称为遭淘汰的技术？因为在焚化炉燃烧垃圾的过程中会产生二噁英——一种致癌的物质。中国对垃圾的分类尚不严格，塑料废品全都混在焚烧炉里燃烧的垃圾中，当有机物质在含有氯的环境下燃烧时，就会产生二噁英。二噁英具脂溶性，可累积于人体脂肪组织中，只要人体脂肪组织中的二恶英含量超过一定水平,就会造成人体内分泌失调,免疫力下降,以及肝肾受损。像垃圾焚烧这样遭淘汰的技术被引进中国,给环境造成严重污染,威胁着中国人民的身体健康。

在西方发达国家,垃圾焚烧技术遭到越来越多的质疑,而像美国卡万塔那样的公司却盯住中国。2007年,该公司在重庆成功落地,它更是准备投入前期运作资金5 000万元开发珠江三角洲地区的垃圾处理市场。为何在国外遭淘汰的技术能够轻而易举地挺进中国,而中国却在引进它真正需要的高科技产业时面临重重阻挠?这进一步说明,外国资本从来就不希望中国掌握核心技术,它们只不过是利用中国廉价的劳动力,将被淘汰的技术、造成严重污染的工厂转移到中国,以强大的资本作为后盾对中国进行掠夺,妄图使中国成为西方国家的经济殖民地。

第五节 财富名人榜——比尔·盖茨

在二十国集团中,美国凭什么名正言顺地成为老大,长期稳坐第一把交椅? 这主要是由美国的经济实力决定的。说到美国的经济实力,咱们有必要先从比尔·盖茨谈起,因为他创造了一个关于财富的神话,俨然成为了财富的代名词。

1955年10月28日, 比尔·盖茨生于美国西北部华盛顿州的西雅图。父亲是律师,母亲是教师,良好的家庭环境对于盖茨的成长有着非常重大的影响。

1972年5月,比尔·盖茨把他编制的第一套软件,一套课程管理系统软件卖给了他就读的西雅图高中,得到了4 200美元的报酬。

1973年,盖茨被哈佛大学录取,就读法律专业。

1975年,盖茨和保罗终于成立了自己的公司,他们拥有了自己的技术BASIC,拥有了实力和经验。盖茨将公司命名为微软,就是微型计算机和软件公司的缩写。其后不久,著名的通用电气

▼比尔·盖茨

公司也决定使用BASIC，微软从此名声大噪。

1983年11月，比尔·盖茨宣布Windows问世，但是一年过去了，Windows很受冷落。不少用户抱怨原始版的Windows软件常常不能运行。微软继续努力，又相继推出Windows1.0版和Windows2.0版，可惜都反应平平。

1990年5月，Windows3.0隆重推出。微软公司花巨资做宣传，这个成熟的窗口软件终于获得了空前的成功。它的问世，具有划时代的意义，标志着个人电脑领域内又一轮革命开始。Windows3.0版由于其"图形化"和"易使用"的特点，受到千百万用户热烈的欢迎，把比尔·盖茨和微软公司推向成功的巅峰。微软的股票节节上升，终于，盖茨成为了全球闻名的"软件大王"。

2000年，盖茨任命他的好友史蒂夫·鲍尔默为微软首席执行官，而自己则为"首席软件设计师"。

2001年底，微软推出了Windows XP。

2008年7月盖茨从微软退休。

名人轶事

2008年7月，盖茨退出了微软公司，他说，他将全心投入"比尔与梅林达盖茨基金会"。目前，微软正处在关键时期，公司各项业务正面临着雅虎和Google等竞争对手的强劲挑战。因此，盖茨退出公司日常管理多少有些令人意外。相比之下，CEO鲍尔默的角色并未发生任何变化。与鲍尔默不同的是，奥齐的优势在于其改造微软的创新意识。有业内分析师认为，在Web2.0时代，带领微软重新振作的不是鲍尔默，而是首席技术官雷·奥齐。

第二章　华尔街最红火的金融家

——IMB 创造的财富神话

美国是世界头号经济强国，弗林特是华尔街最红火的金融家，号称"信托大王"。

IBM 目前仍然保持着拥有全世界最多专利的企业的地位。自 1993 年起，IBM 连续十三年出现在全美专利注册排行榜的榜首位置。

财富小百科

工业时代来临，财富不再是农田而是不动产。但建筑物、工厂、仓库、矿产和工人住宅的改造仍受到土地的限制。突然之间，富饶肥沃的农田开始跌价。当工业时代来临的时候，许多农民的实际收益降低了，为了维持生活，他们不得不更加努力地劳作，耕种比以前更多的土地。

在工业时代，去学校学习然后找工作的观念开始流行，"工作"的概念变得很普通。你去学校念书，然后得到一份赖以谋生的工作，在公司或者社会团体中拼命工作向上爬，当你退休以后，公司和政府会照顾你的生活需要。

工业时代仍和农耕时代一样，只有一少部分人掌握着大部分的财富。在这个时代，虽然有10%的人不是因为出身高贵，而是依靠自身能力成为富人，但90：10的规律仍然成立。在工业时代，大多数人的生活水准有所提高，但真正的财富仍控制在少数人的手中。

第一节　美国金融帝国

　　如果认为美国崛起为世界最强国还是遵循了以私人金融资本的推动为特征的欧洲模式，那么该观点是过于简单了。为了理解美国在过去80年期间的外交动力，人们不仅需要阅读约翰·霍布森（John Hobson）和列宁（V.I.Lenin），而且需要做更多。美国以一系列的全新政策赢得了全球地位，这些政策是第一次世界大战之前，甚至是20世纪70年代之前的经济学者所料想不到的。

　　美国的孤立主义和经常以救世主自居的道德规范，可以追溯到19世纪40年代，尽管美国共和党人的表达方式与民主党人的有所不同。内战前美国工业家的发言人——以亨利·凯利（Henry Carey）、E.裴辛·史密斯（E.Peshine Smith）及其追随者为首的政治经济学美国学派，他们一致相信通过在同英国和其他欧洲国家贸易往来中

▼ 纽约世贸中心

【美国的教训】

　　已嵌入现被称为华盛顿共识的国家外交不只是商业动力的延伸。它一直是由美国战略家对其认知的世界权力和经济优势的压倒性关切塑造的，这种压倒性关切与私人投资者的利润动机是截然不同的。虽然帝国主义的根源及其外交对抗总是经济性的，但这些根源，尤其是对抗策略，在不同时期对于不同国家并不是相同的。

对本国经济实行保护，美国能够崛起为世界强国。其目标不亚于创造一种新的文明，一种以高工资为先决条件追求更高生产率的文明。结果是将出现一个富足社会，而不是一个其文化与政治原则建立于稀缺现象之上的社会。

民主党人希望将棉花种植向南部推进，同时推进西部领土扩张来扩大小麦种植以提供粮食，从而提出美国需要西部边疆不断消退的观点。民主党提出的议程是，削减关税，大量地依赖粮食与原材料出口，购进国外的制造品，由此扩大对外贸易。与之相反，共和党的贸易保护主义者则寻求在关税壁垒的保护下，建立一个制造品的国内市场。该党的工业支持者集中关注的是东部大城市的科技现代化。

民主党是亲英派，而共和党的战略家则有着漫长的反英历史，这首先反映在他们反对支配着该国宗教院校的英国自由贸易学说的态度上。美国在内战结束后创建了州赠地大学和商学院，其主要原因就在于推广贸易保护主义学说。与大卫·李嘉图（David Ricardo）和托马斯·马尔萨斯（Thomas Malthus）的经济理论形成鲜明对照的是，这些大学将美国描绘成一种全新的文明，其推动力量来自于工业和农业的递增回报，以及生活水平的提高将带来新的社会道德的认识。贸易保护论者西蒙·派顿（Simon Patten）的做法很典型，他有意地将美国文明与毁于阶级冲突、贫困劳工和削减工资水平以争夺国外市场的欧洲社会作对比。从19世纪90年代到20世纪头十年，派顿一直任教于宾夕法尼亚大学，其学生包括了一些后来的大名人，如富兰克林·罗斯福的智囊雷克斯·图格威尔（Rex Tugwell）和社会主义者史考特·聂尔宁（Scott Nearing）。

欧洲的帝国竞争被视为源于王室互不相容的野心和游手好闲的土地贵族，以及由于国内市场枯竭而未能像美国那样有现成的市场购买工业制成品的事实。对共和党的民族主义者而言，美国不需要殖民地。它的关税收入可以更好地用于内部发展，而不是用于无谓的对外征服。

这种态度有助于解释美国为何在"一战"中迟迟才参战。美国直到1917年才宣战，当时情形已很明显，由于美国银行家和出口商深陷无法收回在英国及其盟国的贷款的泥潭，置身战争之外至少将蒙受一段时间的经济崩溃。威尔逊总统认为美国的政治与文化遗产主要源于英国，这也反映了美国在参战上的观念与道德因素。威尔逊总统是民主党人，又是一个南方人，而共和党的多数重要知识分子，包括派顿、托尔斯坦·凡勃伦（Thorstein Veblen）和查尔斯·比尔德（Charles Beard），对德国具有更亲近的感觉。毕竟，德国与美国一样，都寻求通过国家政策来塑造其社会进程，以建立起高收入、依靠科技创新的经济，其特征是政府在社会支出和重工业融资上发挥领导作用。

▼查尔斯·比尔德

　　这种社会哲学有助于解释美国在一战前后独特的孤立主义立场，尤其是美国政府对其盟国所提出的偿还战时贷款的要求。美国官员坚持认为，美国在战争中只是一个伙伴，而非完全的盟国，其向欧洲提供的120亿美元军备和重建贷款，更多的是一种商业性质的行动，而非对共同事业的贡献。美国认为，自己对经济与政治是区别对待的。

第二节 美国金融帝国有哪些新特征？

　　人们没有掌握的是，由此而来的必然影响。在以关键货币美元为本位的情况下，世界金融体系能够具有更多流动性的唯一方法是，美国通过维持国际收支逆差，将越来越多的美元注入其中。外国持有的美元结余是20世纪五六十年代美国在外驻军和对外援助支出的产物，而它们同时也是美国的债务。

　　起初，外国对其持有越来越多的美元盈余表示欢迎。当时，毫无疑问，美国完全有能力以其庞大的黄金储备赎回这些美元。但是，1960年秋季美元的短暂飙升，推动黄金的价格提高到40美元1盎司。这提醒人们注意到，自朝鲜战争以来长达十年的时间里，美国国际收支逆差一直持续地增加。正如美国国际收支顺差在20世纪40年代末是破坏稳定的力量一样，在60年代初，美国国际收支逆差超过一定程度，也会与世界金融稳定不相容，这一点已明朗化。

　　约翰·肯尼迪在1960年总统选举中胜出，主要借助于发起了一场关于军事准备的相当蛊惑

【实话实说】

　　如果美国继续保持国际收支顺差，如果美国汲取越来越多的外国黄金和美元结余，世界货币储备就会减少。这会阻碍世界贸易，尤其是阻碍美国出口。因而，美国的国际收支顺差与世界流动性和贸易的继续增长是不相容的。与它提供给外国人的相比，美国不得不购买更多的外国商品、服务和资本资产，除非这些国家能够增加非美元的货币储备。

人心的辩论。紧随其后的是黄金的升值。依靠即将上任的民主党政府的作为，来改变造成美国国际收支逆差的冷战政策，显然是不可能了。

人们开始更多地注意本国货币和国际货币的不同。除了金属货币之外，本国货币是一种债务形式，但是确实没有人希望它会被兑现。一国政府力求清偿其本币债务，若超过一定额度，就会破坏该国的货币基础。回到19世纪90年代，美国高关税产生的预算盈余迫使美国财政部清偿其债券，引起了痛苦的通货紧缩。但是在国际货币和信贷领域，大多数投资者都希望债务得到按期清偿。

这种预期，似乎使任何建立关键货币本位制的尝试都将归于失败。问题在于，国际货币在被视为一种资产的同时，也是该关键货币发行国的债务。国际收支顺差经济体积累越来越多的关键货币储备，这意味着关键货币发行国有效地充当，甚至是事实上充当国际借款人。一国为其他国家提供关键货币这种资产，它将长期维持负债状态，而清偿这种债务，也就是减除国际货币这种资产。

全世界的美元储备不断扩大，而外国政府几乎没有注意到这些储备所具有的上述债务特征，它们在20世纪50年代就需要美元储备，来为其对外贸易和国际收支融资。但是，到60年代初，已经很清楚，美国正在接近最大限度，即它对外国中央银行的负债，很快就会超过美国财政部黄金储备的价值。1964年，美国达到并超过该限度，到那时，美国的国际收支逆差还是完全来自国外军事支出，主要是越南战争的军事支出。

第三节　升值的黄金

如果美国像一战、二战后的欧洲政府一样,遵循债权人导向的规则,它就会牺牲其世界地位。它的黄金将外流,美国人会被迫甩卖其投资,以支付海外的军事行动。这正是美国政府官员在一战和二战后要求其盟国所做的,但美国自己不愿意遵守这样的规则。与以前处于类似地位的国家不同,美国继续它的国内外支出,毫不顾及国际收支平衡与否的后果。

结果之一就是黄金的升值,其上升势头与美国在越南受挫的军事命运是一致的。外国的中央银行,尤其是法国和德国的央行,几乎每个月一次将它们的盈余美元兑换成美国的黄金储备。

为了压低金价,美国不得不出售官方储备,来迎合私人需求。很多年以来,美国一直联合其他政府资助伦敦黄金总汇。但是,到1968年3月,经过6个月的兑换以后,美国的黄金储备缩减至仅有100亿美元的底线,超过该底线后,美国财政部就宣布,将中断进一步的黄金出售。伦敦黄金总汇被解散,世界中央银行达成了非正式协议(也就是外交压力),停止将流入的美元兑换成黄金。

这就破坏了美元与黄金市场价的挂钩。于是,出现了两种黄金价格,一是不断上扬的公开市场价,二是较低的1盎司黄金兑35美元的"官方"价,从而导致全世界的中央银行继续以此官价评估

▲ 尼克松访华

其货币储备。

3年以后，1971年8月，美国总统尼克松正式宣布黄金禁运。基于美元可兑换黄金的关键货币本位制瓦解了。美国国库券本位制，也就是基于美元不可兑换的美元债务本位制诞生。外国政府发现它们已不能用美元购买美国的黄金，而只能购买美国的国库券及少量的美国公司股票和债券。

外国出口商和商业银行都更多地使用本国货币，当外国的中央银行从其出口商和商业银行收到美元时，它们几乎没有选择，只能将这些美元借给美国政府。

在这些央行的国际收支平衡中出现美元盈余，就等同于把这些盈余借给美国财政部。世界最富国能够仅仅通过国际收支逆差，自动地从外国央行借款。美国的国际收支逆差增长得越快，外国央行结余的美元就越多，外国央行然后将这些美元投资于流动性和转让性程度各异的美国国债，从而将这些美元借给美国政府。为了适应既要大炮又要黄油的经济，美国的联邦预算赤字日益扩大，这使国内的支出项目膨胀，国内大量支出又外溢到进行更多的进口和国外投资，并为维持霸权体系提供更多国外军事支出。为了其不断攀升的联邦赤字的融资，美国既没有向其公民和公司征税，又没有让其资本市场承担重负，而是迫使外国经济体购买新发行的美国国债。因此，美国的冷战开支变成了对外国人的征税。正是外国的央行，为美国在东南亚的战争成本提供了融资。

无法检验这种循环的流动究竟能走多远。因为可理解的原因，外国央行不希望进入美国的股票市场，购买克莱斯勒、

▲冬季的美国铁路

宾夕法尼亚中央铁路公司(Penn Central)或其他公司的有价证券。这将对外国央行构成它们不期望承担的风险。不动产也不具有多少吸引力。对于其官方储备，央行需要的是流通性和安全。这就是它们传统上持有黄金，将之作为一种清算相互赤字的手段的原因。就它们开始积聚盈余美元而言，几乎没有选择，只能是无限制地以美国国库券的形式持有美元。

从1968年4月至1973年3月，由于美国累积了500亿美元的国际收支赤字，外国央行发现它们不得不为这一时期增加的共500

【话说经济】

从资产货币(黄金)到债务货币(美国公债)的这一转变，颠倒了国际收支平衡与国内货币调节之间的传统关系。1968年前的传统智慧认为，具有贸易逆差的国家不得不出售其黄金，除非它通过提高利率从国外借入更多的钱、削减政府开支和抑制国内收入增长，从而扭转资金外流。这就是20世纪60年代英国在其收放政策中所做的。当英国经济繁荣时，人们会购买更多的进口品，在国外的消费也更多。为了挽救持续贬值的英镑，英格兰银行提高了利率。这阻止了新的建设和其他投资，减缓了经济增长。在政府层面上，英国不得不放弃其帝国梦，因为它无力造就足够大规模的私营部门贸易和投资顺差，以支付作为一个世界政治和军事大国的成本。

亿美元的美国联邦债务买单。实际上,美国正通过维持国际收支逆差,为其国内预算赤字融资。正如圣路易斯联邦储备银行所描述的形势,外国央行不得不"获得越来越多的美元,因为它们试图维持汇率的相对固定平价""利率与货币增长"(载圣路易斯联邦储备银行主办《评论》1973年1月号),还可见"资本回流导致国内利率改变吗"(载《评论》1972年7月号)。当美元供应远远大于需求时,若不能吸收这些美元,会导致美元兑外国货币的价值降低。不断贬值的美元,不仅会为美国出口商提供有竞争力的价值低估,而且会减少外国所持有美元的本国货币价值。

第四节　银行与投资者

外国政府极不希望将其出口的商品置于竞争中的劣势位置，因此它们持续购买美元，支持本币汇率，从而也支持了美元区经济的出口价。"外国机构对美国政府短期国债的需求大幅增长，导致这些国债与其他市场化的有价证券相比的市场收益比以往任何情况下都更低，"圣路易斯联邦储备银行解释说，"尽管大规模的美国政府赤字就形成于这一时期，还是出现了上述发展。"由于外国央行对美国政府的美元债务工具的特别需求，美国公债的收益与公司有价证券相比下降了，而外国央行是不买美国公司债券的。

这改变了传统的国际收支平衡调节机制，数世纪以来，各国都是被迫提高利率来吸引外资，为其赤字融资。对美国而言，提供"外"资的是国际收支逆差，因为外国央行将它们手里的外流美元重新投入美国国库券。美国的利率降低恰恰是由其国际收支逆差所造成，而不是与之无关。美国的国际收支逆差越大，外国政府不得不投资于美国国库券的美元就越多，这同时为美国的国际收支逆差和国内联邦预算赤字提供了融资。

由于美国的银行和其他投资者从政府公债转移到高收益的公司债券和抵押贷款，将低收益的国债留给外国政府购买，美国的股票和债券市场繁荣起来。美国公司也开始收购有利可图的外国企业。它们花费的美元被移交给外国政府，外国政府几乎没有选择,只能将这些美元以超低的利息再投资于美国国债。外国对美国国库券的需求抬高了美国国债的价格,相应地降低了其收益。这抑制了美国的利率,但引发欧洲更多的资本外流。

美国政府几乎没有停止这种美元债务循环的动机。它认识到,外国央行不得不接受更多的美元,以免世界货币体系崩溃。德国和盟国在20世纪20年代和二战后,甚至都没想过制造这样的威胁,它们也不会准备在六七十年代这样做。人们总体上认为,这样的体系崩溃对外国的伤害将比对美国的更重,因为外贸在外国的经济生活中扮演了更大的角色。美国的战略家认识到了这一点,他们坚称,美国的国际收支逆差是一个外交难题,而不是一个美国公民应担心的问题。

【经济观察】

若没有国际收支逆差,美国人将不得不依靠自己为联邦债务的增长融资。这会具有通货紧缩的效应,转而迫使经济体量入为出。但是,在国家债务的增长由外国央行提供融资的情况下,国际收支逆差符合美国的国家利益,因为它已变成美国经济窃取其他国家资源的一种手段。

美国政府必须做的全部事情就是大量花钱,不断推高其国内预算赤字。这种支出既直接通过作为军事开支,又间接通过过热的国内经济对外国商品和资产的需求,流向国外。过剩的美元又循环回到它们的源头——美国,在该过程中抬高了全世界的通货膨胀。随着其收入和财产价值的上升,大多数美国人感受到,他们在通胀中变得越来越富有。

外国政府购买了从二战末至1973年5月美国所有公开发行的新增联邦债务,整个20世纪90年代外国政府仍然是这样做的(至于那时候该体系是如何终结的,本书续集《全球分裂》进行了概述)。这一进程在1968—1972年遭遇第一次危机,这次危机在1972—1973年粮食和石油的价格上涨四倍的通货膨胀大爆发中达到顶峰。在这5年期间,公开发行的联邦债券净增长470亿美元,美国政府只向其社保基金、其他信托基金以及美联储发行了少部分，而外国政府购买了420亿美元。

美国政府从外国央行而不是从其公民处借款的独特能力，是现代经济奇迹之一。若非如此，20世纪60年代和70年代初战争刺激的美国繁荣很快就会结束。正如1973年美国遭遇的威胁所显示的，当时外国央行决定切断其货币与美元的挂钩，让它们向上浮动，而不是接受美国财政部借条的进一步泛滥。

第五节　新型帝国与经济资本

　　1990年前后，欧洲共同体和日本开始主张它们需要自立时，美国撕下了所有伪装，绝口不提它在二战后坚持创建的开放的世界经济的要求。相反，美国要求"有序销售协定"，在国别基础上具体说明纺织品、钢铁、汽车和食品的市场份额，而全然不考虑国外的"自由市场"发展和经济潜力。欧洲共同市场被告知，为美国农民留出历史上在欧洲谷物市场中所占有的固定份额，除非美国自己出现粮食短缺的情况，就如同1973年夏天所发生的，当时外国不得不遭受美国强加出口禁运的后果。美国废除了私人合同，为了美国经济的稳定，而破坏了外国经济的稳定。

　　世界商品价格上升时，美国就实施出口控制，降低国内价格。为了保持国内价格表面上的稳定，美国要求外国政府承受物品短缺，并使它们的经济通货膨

【众说纷纭】

　　人们不应从公司部门，而必须从美国政府对中央银行和国际货币基金组织、世界银行和世界贸易组织等多边组织施加的压力，寻找现代国际经济关系的根源。早在"一战"结束后，但尤其是自二战结束以来，全世界中央银行的政府间借贷和债务关系已完全压倒了私营部门资本的推动力。

　　这种新型帝国主义的根源在于，一国政府，也就是美国政府，通过全世界的中央银行和控制政府间资本的多边机构，而不是通过私营公司谋求利润的行为，实现对其他政府的剥削。将传统帝国主义转变为超级帝国主义的关键是，在20世纪60年代以前，美国政府借助于它占绝对优势的债权国地位支配了国际组织，而从60年代以后，它又借助于其债务国地位做到如此。

胀。结果是两者间的分歧，一方面是美国国内的价格和工资，另一方面是全世界的价格和收入。最大的分歧产生于美国政府实施世界外交的动力和其他政府寻求保护其经济自立的目标。由于将华盛顿共识内含的双重标准坚定地置于首位，美国以其外交快速、老练地挫败海外贸易保护主义的压力。

【经济点拨】

　　美国的外交家迫使外国政府管制它们的国家贸易和投资，以服务于美国的国家目标。外国经济体被构想为一种次要市场，只能服务于美国国内需求满足之后的美国产品输出，而一旦美国商品出现短缺，美国就不会强加这些需求。20世纪70年代初期，世界粮食和木材价格超过美国国内价格时，美国政府就要求其农民在国内销售他们的产品，而不是出口。

　　问题还在于，当美国资本品和其他原料的价格超过世界市场的价格时，美国又会采取另一套做法。例如，世界银行被要求根据美国对世界银行认缴的25%份额，分配它对美国资本品和原料的购买。日本被要求针对美国木材、旧金属和植物油的进口实行"自愿控制"，并限制对美国出口纺织品、铁和钢。美国的政府机构、州和市也要遵循"购买美国货"的规则。

　　所有这些的走向，都与雅各布·维纳、考代尔·霍尔（Cordell Hull）以及其他战后初期理想主义策划者所预期的恰好相反。回顾过去，他们就像"有益的愚人"，没有认识到谁实际上从表面上的全球自由主义中获利。在这点上，只要考虑到美国外交，

▲ 雅各布·维纳

当前的自由放任和货币主义理论可以说是在学术上扮演了有益的愚人之角色。回顾1945年关于如何建设战后社会的辞令，人们就会发现，正是美国提出了如下的理想主义主张：开放的世界贸易将如何极大地促进经济发展。但是，这没有实现。华盛顿共识不仅没有提高接受援助的债务国赢利清偿其债务的能力，而且使这些债务国更加依赖于其债权国，原材料出口和粮食依赖程度的上升，恶化了它们的贸易条件，阻碍了它们实施土地改革、累进制收入和财产税等必要的社会现代化。

美国经济不是通过市场竞争，而是通过美国政府介入全球市场，获得了资本密集型产品的比较优势。美国政府介入全球市场有两种方式，一是直接介入，二是通过其控制的布雷顿森林机构间接介入。介入的目标通常是促进美国公司的利益，但根本的动机是认识到，管制这些公司的行为促进了美国的国家利益，就国际收支平衡而言，美国首要考虑的是冷战外交的地缘政治利益。

第六节　财富名人榜——托马斯·约翰·沃森

1874年2月17日，他生于美国纽约州北部一个贫困的农民家庭。为了减轻父母的负担，他17岁就进入社会，替一家五金店老板走街串巷，推销缝纫机成为他第一份工作。

1914年，沃森遇上了IBM前身的奠基者弗林特。弗林特是华尔街最红火的金融家，号称"信托大王"。他对沃森的才干早有所闻，旋即聘任他为计算制表记录公司的经理。到1919年，公司的销售额高达1 300万美元，利润也升至210万美元。

▼托马斯·约翰·沃森一家

1924年2月，已经身为公司总经理的沃森决定将公司更名为国际商用机器公司，简称IBM。从此，他抹去了同任何人有关联的最后痕迹，开始了自己与IBM融为一体的后32年生涯。

1946年，IBM推出第一台电子计算器，1948年，又推出

一台部分电子部分电机的数字计算机，这台机器安装在IBM纽约总部，直接向参观者进行实际操作表演。

1956年，刚刚完成权力交接的沃森因为心脏病去世了。而1955年是他生命中最完美的一年，公司收益7亿美元，几乎是1946年的6倍。

在他的领导下，IBM从一个中型公司成长为世界最大的企业之一，而且他还将IBM从机械制表机引入了计算机领域，并在这一领域称霸一时。

名人故事

1937年，美国经济正在逐步恢复，IBM公司的穿孔卡片系统差不多垄断了美国和全世界的穿孔卡片市场，销售额高达4 100万美元，其中海外收入达到1 200万美元。

这一年，他当选为国际商会主席。他十分珍惜这一殊荣，决定携妻子前往欧洲，出席在柏林召开的国际商业大会，参加那次大会的代表有1 200多人。

大会举行的第三天，沃森受到希特勒的接见。他们进行了一次私人谈话。沃森在会见结束后接受记者采访时，真诚地赞扬希特勒。他告诉大家，希特勒在几分钟前向他保证："不会有战争，没有哪个国家希望打仗，也没有哪个国家能够承受得起。"纳粹政府还授予沃森一枚德国鹰十字勋章。这种勋章是德国刚刚设计出来的，专门颁发给那些对德意志帝国有贡献的尊贵的外国人。

1940年，二战开始后，他将这枚勋章退还给希特勒。

第三章 财团崛起之路

——谁是名副其实的华尔街神经中枢

摩根财团 19 世纪末 20 世纪初形成,为统治美国经济的垄断资本财团。创始人 J. P. 摩根在其父 J. S. 摩根资财的基础上,1871 年与人合伙创办德雷克塞尔－摩根公司,从事投资与信贷等银行业务。1894 年合伙人逝世,由其独资经营,1895 年改名为"J.P. 摩根公司",并以该公司为大本营,向金融事业和经济各部门(诸如钢铁、铁路以及公用事业等)扩张势力,开始形成垄断财团。

　　现在到了信息时代，虽然土地、不动产仍是财富，但已不是财富的面孔，金钱有了新的代表，那就是知识。当然，知识在农耕时代、工业时代也可以转化为财富，但它从来没有像今天这样强大到超过二者成为金钱的第一面孔。现在真的不同了，世界经济步入了新经济时代。新经济的实质就是知本经济，与之相应，富豪们也发生了显著变化。

　　貌不惊人的比尔·盖茨因为因特网而成为当今世界首富，身居陋室的杨致远也靠因特网在一夜之间成为亿万富翁。通用汽车等老牌公司几十年、上百年积累的财富，在这个网络时代只要十几年，甚至两三年就能达到。网络突破了传统经济的模式，开辟了一个崭新的超级创富时代，孕育了一批网络富豪。

第一节　从私掠船主到强盗资本家

亚历山大·汉密尔顿是金融阶层和精英统治的支持者,他希望由这样一小部分人组成的精英阶层能够出现。约翰·亚当斯认为精英统治不可避免,这一小部分人内心对于财富集中的渴望并没有让他感到意外。托马斯·杰斐逊担心财富集中的危险

会随城市、金融与贸易的发展而肆意蔓延。支持美国大革命的英国改革家理查德·普莱斯提醒新生的美利坚合众国,要对外国银行与资本时刻保持警惕。1837年,德·托克维尔在谈到美国的民主时,把新兴产业的精英阶层形容为"有史以来最残酷的阶层之一",他担心这一阶层的出现会导致"美国社会永久的不平等与精英统治"。

要再现美国从农业共和国向金融精英统治转型的历史,了解其巨大成就背后的腐败、技术创新与政治主张,最好的途径就是从马萨诸塞州的海港、弗吉尼亚州的庄园和曼哈顿的金融区开始,在了解了约翰·亚当斯、约翰·汉考克、托马斯·杰斐逊、乔治·华盛顿以及亚历山大·汉

【话说经济】

当21世纪钟声敲响的时候，从广泛视角看，美国的发展既满足了汉密尔顿的希望，也印证了杰斐逊与托克维尔的担忧。尽管美国在从农业共和国向金融精英统治的转型过程中也经历了曲折，曾经被人民党、进步主义时代以及新政所打断，但是当历史进入21世纪的时候，美国不仅是全世界最富有的国家和第一经济强国，同时也是世界上富人最多、贫富差距最大的西方工业国家。

密尔顿那个时代的美国之后，再沿着19世纪的高速公路和运河，进入铁路与证券交易所的时代，走进美国南北战争的战场，走进20世纪30年代美国的大萧条时期，走进好莱坞，走进二战期间国防工业发展的历史，走进硅谷，并时刻密切关注美国的两大影响力中心——华盛顿和华尔街。本章所涉及的内容在时间段上从18世纪70年代开始，到1900年结束，美国的财富在此期间经历了长达130多年的辉煌，美国首富所拥有的资产，也从100万美元左右增长到了3亿~4亿美元。

然而，具有讽刺意味的是，在同一历史时期，美国的民主之路

▼ 美国最高法院

却是困难重重。有些参议员为了一己之利而置政党职责和国家利益于不顾；美国最高法院审理的16起铁路相关案件，有15起都做出了有利于铁路公司的判决；纽约市的房屋居住条件已经恶劣到与伦敦东区最差的居住条件相当；杰斐逊、杰克逊与林肯时代的民主已经一去不复返了。

在美国，关于财富的争论相较于欧洲更为公开，美国罕见的政治自由自然是其背后的一个重要原因。经历了独立革命的美国人对精英统治、官僚作风和通过继承获得的财富表示怀疑。与希腊和罗马共和国的早期公民一样，美国人有权反对财富与权力的滥用，他们确实也是这样做的。有些时候，手里握着选票的美国人还可以把上层社会的人拉下马。这也正是共和主义的一部分。

1790年以后，纽约和费城的工人阶级因为平等的意识而迅速团结在一起，反对联邦党的商人和金融家。这些商人和金融家喜欢按照英国人的举止习俗处世，轻视普通人。而通过自力更生获得成功的商人则与他们不同：吉拉德举止粗鲁，是反对贵族统治的法国大革命的支持者；阿斯特也是个粗人，与吉拉德相比没有什么社会主张，他的穿着甚至不及法国大多数普通职员体面，但他却和儿子一起把家族的皮毛生意做得越来越大。他们这样的商人，身上没有贵族的气息，不会刺激到共和党人敏感的神经。

这种双重性在18世纪、19世纪和20世纪的发展，为我们了解21世纪美国社会提供了基础背景。对这段传奇历史的讲述可以

【财富与等级】

在像吉拉德和阿斯特这样的商人手中，财富象征着新世界的希望，而不是可能出现的压迫。与等级界限分明的欧洲社会不同，在美国社会，人们社会地位的变化要容易得多，这就为美国人提供了双重机遇：既可以赚取财富，也可以批评富人滥用财富，指出民主是财富和社会地位的基础，过量的财富和分明的等级界限只会削弱民主。

从1776年7月的费城开始,当时的费城,社会中普遍存在着不信任和怀疑的情绪。而正是在1776年7月的费城,大陆会议的代表们通过了《独立宣言》,美利坚合众国由此宣告诞生。

在大陆会议上签署《独立宣言》的代表中,很多人来自美国最富有的一些家族,例如约翰·汉考克来自马萨诸塞州的汉考克家族,菲利普·利文斯顿来自纽约州的利文斯顿家族,查尔斯·卡洛来自马里兰州的卡洛家族,理查德·亨利·李来自弗吉尼亚州的李家族,爱德华·拉特利奇来自南卡罗来纳州的拉特利奇家族。他们所签署的《独立宣言》的革命性,体现在美利坚合众国与英国的关系上,而不是体现在美国的国内事务当中。代表们在大陆会议上,指责英王乔治三世一再伤害、侵犯北美13州殖民地人民的利益、对殖民地实施暴政,指责他派来管理殖民地的官员"侵蚀殖民地人民的财产",使殖民地人民饱受折磨。但是,即使是杰斐逊也不敢公然谴责英王将富人置于穷人之上。在18世纪的北美13州殖民地,严苛的等级制度是社会生活中一个不争的事实。

▼ 美国费城

罗伯特·莫里斯最初是国会采购委员会的负责人，1781年以后又做了财政主管。在1775—1777年间，他所经手的采购合同有1/4都分给了他自己的公司。莫里斯的商业合伙人威廉·宾厄姆，是国会在加勒比海地区的主要代理人，在宾厄姆的协调帮助下，莫里斯又通过私掠船

贸易进一步充实了自己的腰包。富甲一方的莫里斯甚至在北美银行有着大笔财产。经济上的成功使莫里斯成为1782—1783年间美国最富有的人。他所拥有的财富远超私掠船主德比所拥有的。尽管很多人记住的都是他"独立革命的财政支持者"的身份，但有历史学家指出，事实真相是，"独立革命为莫里斯带来了滚滚财源"。

纽约军队的主要物资供应商威廉·杜尔，是独立革命的又一重要受益者。和他一样，康涅狄格州的主要物资供应商耶利米·沃兹沃斯也是独立战争中的大赢家。在1775—1779年，康涅狄格州是战争物资的重要供应地，沃兹沃斯因此而大发战争财。学者们认为，杜尔和沃兹沃斯，都是与莫里斯里应外合的"采购网络"的成员。

从1775年秋开始，在连续七年的时间里，有2 000多艘各式各样的船只，打着美利坚合众国或是北美某一州的旗号大肆掠夺。这些私掠船总计劫获英国船只3 000艘，连同船上货物在内，劫获的物资价值达到了1 800万美元之多。在英国的长期殖民统治期间，北美的一些主要港口——纽约、纽波特、查尔斯顿和萨凡纳——基本上都处于闲置状态。在独立战争期间，费城曾经被英军占领7个月。对于英国商人来说，这段时间太短暂了，不足以让他们获得更多的财富。但是，这段时

【私掠船敛财】

　　在独立革命中,北美公众的整体利益同某些人的私人利益夹杂在了一起。与法印战争一样,在北美独立战争中,私掠船成了敛取财富的最佳途径。

间却足以让莫里斯、威灵和宾厄姆的私掠船频繁出没于众多港口。私掠船(和战后资本)迅速齐聚到费城和新英格兰地区的开放港口。这些开放港口包括:马萨诸塞州的波士顿(1776年3月以后)、马波海德、塞勒姆、格洛斯特和纽伯里波特;罗得岛的普罗维登斯;新罕布什尔州的朴次茅斯和康涅狄格州的新伦敦。

　　在北美的2 000多艘私掠船当中,有400多艘来自马萨诸塞州,300多艘来自康涅狄格州。新英格兰地区的私掠船加在一起共有1 200多艘。1775年,从城市规模上看,马萨诸塞州的塞勒姆市在北美殖民地各城市中仅排名第八位。但是,在这一年当中,从塞勒姆出港的私掠船有158艘,它们劫获了458艘英国船只,劫获的战利品总量位居全美之首。从加勒比海到斯卡格拉克海峡,这些

▼马萨诸塞州

私掠船到处横行。塞勒姆1/3的私掠船都是从伊莱亚斯·德比码头出发的,共劫获英国船只144艘,战利品的总价值超过了100万美元。

私掠船劫获的战利品奠定了战后新英格兰地区财富的基础。私掠船主阿萨·克拉普成为战后缅因州最富有的人。新罕布什尔州最成功的私掠船主、来自朴次茅斯的约翰·朗顿在战后成为了新罕布什尔州州长,并当选为该州的美国国会参议员。1804年,普罗维登斯的布朗大学因为私掠船主、大奴隶主约翰·布朗的捐助而得名。

19世纪上半叶的美国,以种植园经济为主的南部地区并非财富集中程度增长迅速的唯一地区。从大多数统计来看,新英格兰地区北部、阿拉巴契亚地区和老的西北部地区(从俄亥俄州到艾奥瓦州和威斯康星州),是财富集中程度增长相对较慢的地区。一般来说,越是在没有实行奴隶制的乡村地区,贫富差距就越小。19

▲ 美国加利福尼亚州的种植园

【是什么导致了贫富差距】

1816—1820年间，印第安纳、伊利诺伊、亚拉巴马、密西西比和密苏里的州宪法规定，所有的白人男子都享有选举权。这使得贯穿阿拉巴契亚山脉的新西部地区成为未来20年英语世界的民主战场。但是，在美国的其他地区，特别是在商业中心地区，经济不平等的状况非但没有减轻，反而有所加剧，这严重违背了美国独立革命时期反对贵族统治的精神。事实证明，自由的民主资本主义也会导致贫富差距的产生。

世纪上半叶的美国，财富的集中和经济发展的两极分化呈现出与18世纪相似的趋势，像纽约、费城、波士顿和巴尔的摩这样的大商业中心城市，是财富集中程度最高、两极分化最为严重的地区。到了19世纪中叶的时候，新奥尔良、辛辛那提和圣路易斯也出现了同样的情况。

"市场革命"的效应和资本主义，在早期美国工业、商业和市场农业中的发展，使美国经济显著增长，财富集中和不平等状况也日益加剧。而具有讽刺意味的是，通过"无形的手来调节市场"的信条，无意中为战后自由放任主义和适者生存原则的过度盛行提供了哲学基础。与此同时，新兴的"政治经济学派"却没能从分散的财富数据和收入趋势中得出什么结论。这些财富数据后来成为"经济考古学家"研究的对象。

一项统计数据表明，在1828年的纽约，最富有的1%的人口拥有全部社会财富的29%，在1833年的纽约，这个比例上升到了33%，而到了1848年的时候，这个比例已经达到了37%。而在远离城市和种植业的地区，美国希望通过采取共和制而非贵族统治的方式来避免社会阶层分化的设想，基本上还是可以实现的。这种可以分地区部分实现的设想在美国人平等方式的强化作用下，给很多外国人留下了一个印象：美国社会是一个平等的社会。德·托克维尔在1837年出版的《美国的民主》（Democracy in America）一书中写道："没有什么比人与人之间的普遍平等带给我的触动更深了。"

到了1896年的时候，美国最富有的10%的富翁所拥有的财富总量，已经是1873年时的2~3倍。财富新贵们不再单纯依赖铁路业，而是同时依靠铁路业、煤炭业、钢铁业和石油业的收益。洛克菲勒和安德鲁·卡内基的家产都已经达到了2亿~3亿美元，威廉·范德比尔特和威廉·阿斯特以1亿~2亿美元的家产紧跟其后（如果按照整个家族的财产总量来计算，范德比尔特家族和阿斯特家族的家族资产都已经达到了2亿~3亿美元）。弗雷德里克·韦尔豪和马歇尔·菲尔德的家产也已经达到了1亿美元左右。而家产在5 000万~1亿美元之间的富翁包括：J.P.摩根、拉塞尔·塞奇、奥利弗·佩恩、柯林斯·亨廷顿、马塞卢斯·哈特利、约翰·布莱尔、E.H.哈里曼和H.H.罗杰斯等人。纽约依然是财富的中心，但洛克菲勒、佩恩和罗杰斯3人是从俄亥俄州的标准石油公司发家的，韦尔豪和亨廷顿则是太平洋地区木材业、地产业和铁路业的代表。

1860—1900年间，美国的技术和物质财富平稳增长，在钢铁业和石油业发展的带动下，制造业总额从19亿美元上升到了110亿美元。尽管电能的应用和电话的应用一样，从走出实验室到完全

▲ 洛克菲勒

【镀金时代】

在19世纪70年代中期到1896年间，自由放任主义和社会达尔文主义主导着美国的政治文化，所以不管是民主党人还是共和党人入主白宫，对美国的经济哲学和经济管理都没有什么影响。仿科学的社会达尔文主义认为，百万富翁资本家的存在是"物竞天择、适者生存"的体现。这是对19世纪初市场变革的反证。杰克逊主义认为，政府不应该站在富人一边的观点被改写为政府不应该代表穷人的观点。就连各州通过保护童工的立法都被法院裁定为政府的不当干涉行为。美国参议院成了工业贵族的大本营。马克·吐温笔下的"镀金时代"是那个时代的美国无可争辩的写照。

商业化经历了一段时间，直到19世纪和20世纪交替的时候才完全实现，但19世纪80年代末，爱迪生的发明就已经开始走出实验室，应用在工厂企业的生产过程当中。1900年，美国的铁路里程已经达到了无可匹敌的19.30万英里，用于兴建铁路的投资超过了100亿美元。这些铁路每年可以创造15亿美元的利润。

然而，工业企业联合、公司垄断和托拉斯的出现，使美国的经济发展出现了新的集中化趋势，这种集中化趋势也反映在财富和收入的分配上。1890年的一项分析认为，美国的全部社会财富有一半以上都掌握在最富有的1%的家族手中。而在1860年时，美国最富有的1%的家族仅拥有全部社会财富的29%。各州的具体情况也基本如此。在马萨诸塞州，最富有的8%的人口拥有的财富占全部社会财富的比例在1859—1861年间是83%，在1879—1881年间上升到了90%。经济作家托马斯·G.谢尔曼指出，长期以来，美国人一直相信他们的国家不会出现欧洲那样的贵族统治和不平等状况，但19世纪80年代末的数据却表明，英国最富有的1/70的人口只拥有英国全部社会财富的67%，而美国最富有的1/70的人口却拥有美国全部社会财富的75%~80%。这些数字的准确程度并非可靠无疑——虽然谢尔曼对当时美国财富集中程度的描述有些夸大，但这样的对比至少真实地反映了当时英、美两国的财富集中状况。

在这种状态下，中西部和西部地区农业付出的代价尤其惨重。对于正在全美范围内迅速发展的工

▲ 美国农业凯迪社区

业化进程来说,最值得注意的可能就是农业人口的数量规模了。在当时的美国,农业资产仍然占有全国资产总额的近1/4,超出了工业资产占全国资产总额的比重。尽管农业人口占全国总人口的比重比起1860年时的80%有所下降,但农业家庭和靠农业为生的小城镇家庭仍然占据着全国人口的大多数。1893年时,大平原地区的农民生活极其艰难,堪萨斯州州长洛伦佐·勒威尔林提出了其著名的"流浪汉循环"说,将当时的美国与伊丽莎白一世统治时期的英国和大革命前夕的法国进行类比。它们之间的相似绝非巧合。美国农业发展的日益衰落,同半个世纪以来工业财富的近10倍增长,形成了强烈反差。与文艺复兴的全盛时期、资本主义的兴起时期和英国长达半个世纪的工业革命时期一样,在19世纪80年代的美国,为富翁们的奢侈生活依旧"埋单"的是农民阶层。

在当时的美国,濒临破产的农民坐在煤油灯前读着关于金钱与财富的小册子,想弄明白到底是什么地方出了问题。还有一些人步行或是骑马数英里的路程,去听抨击华尔街财富阶层、贪婪的铁路资本家和大城市银行家的演说。报纸对于大城市繁华图景的渲染——费城诞生了第一辆电车、芝加哥人开始用起了电话、纽约的市郊如同花园一样美丽——无异于往大平原地区人们的经济伤口上撒盐。

使农业发展和农民生活变得更加艰难的不只是货币供应量的减少,还有银行体系的资金政策。当时,美国的各家银行都倾向于回收原先发放到中西部地区或是大平原地区的贷款资金,将其重新投放到明尼阿波利斯、芝加哥或

【财富的再分配】

财富的再分配并不是一场零和的游戏。按照历史经验,即使从短期看不一定如此,但从长期来看,经济转型所带来的收益总是要比付出的代价大。然而,促使资本从农业生产区向工业中心转移的政策和驱动力量是显而易见并且可控的。

是东部地区的大城市。与此同时，主要为东北部投资者所控制的铁路企业，又向农业生产者索要高额运费和回扣，从事各种不法行为。美国南北战争所造成的政治结果，不仅仅是在北部地区建立起了一个代表工业资本家利益的政党，还有农业生产区的政治地理分割，北部农业区和南部农业区有着各自不同的政治利益。

在商业和金融业发展的带动下，美国的非农业生产地区处于相对繁荣的发展状态，城市中产阶级兴起并发展壮大。作为铁路资本化主要风向标的美国股票市场价格，在19世纪70年代末到90年代初也处于增长状态。尽管现在没有可靠的数据供我们查证，但可以肯定的是，当时美国企业的利润一直在疯涨。制造业的生产附加值超过了农业。尽管在1873年以后的6年当中，制造业的发展速度放缓，但在随后的20年中，特别是在19世纪80年代，美国制造业发展迅猛，为19世纪初美国经济结构的重组奠定了基础。

▲ 美国的金融中心——纽约

第二节　美国历史上的三次财富爆炸

西奥多·罗斯福的前任威廉·麦金莱于1901年遇刺身亡，他曾经是美国南北战争中的一名志愿军少校，也是最后一位参加过美国联邦军队的总统。美国劳工联合会一直把麦金莱视为工人的朋友，然而他在1900年第二次竞选总统时却很少发表竞选演说，而将更多的机会留给了他的副总统竞选搭档。

西奥多·罗斯福在城市中长大，在哈佛大学受过良好的教育，美国南北战争时他年龄尚小，没有经历过战争的洗礼。在他眼中，敌人已经不再是穿着蓝色或者灰色军服的南北交战双方，

【实话实说】

20世纪前40年，在西奥多·罗斯福、伍德罗·威尔逊、富兰克林·D.罗斯福等多位总统执政期间，美国走出了国家财富急剧增长的历史阶段，这通常被看做是美国历史的重大转折点。虽然政府在民主和改革的名义下采取了一系列措施，但也没能使国家财富积累的势头得以延续。

▼ 哈佛大学一瞥

而是那些佩戴着钻石领带夹的富豪们。这些富人有的是大托拉斯的建立者，有的是股票经纪人，有的是在"镀金时代"发了不义之财的人，当然还有那些涉嫌犯罪的富商。这些人在西奥多·罗斯福当政时期已经不再是人人羡慕的名流，而是被仔细盘查的对象。罗斯福政府采取的措施也许远没有其当初在竞选时的承诺那样激动人心，但是从白宫传出的声音，仍然让整个美国社会感受到了温暖。

西奥多·罗斯福担忧托拉斯富豪们可能会控制整个国家。1899年，当时任纽约州州长的罗斯福就曾经向历史学家布鲁克斯·亚当斯表达过他的这种担忧。两人当时谈到，罗斯福应该利用社会下层对富豪的不满情绪来抑制他们的势力扩张。现在，作为总统的罗斯福已经可以将他的政治理想在全国范围内推行了。

历史的转折有时是惊人的。尽管布莱恩输掉了1896年的总统大选，但是在六七年之后，他的很多理念与时代发展的形势非常地契合，成为当时进步党领导人的主要施政理念。

多年之后，布莱恩的遗孀将他的回忆录重新校订，并从中归纳、总结出当时布莱恩的政治主张，例如：征收联邦所得税、国会参议院选举、建立劳工部、对铁路进行更加严格的管理、进行货币改革，以及在国家层面上提出立法提案权和公民投票。堪萨斯州编辑威廉·艾伦·怀特曾这样评价进步党领导人："他们把人民党人堵在游泳池里，然后把他们的衣服偷走，只给他们留下已经磨破的内衣。"

在1902年之前，持续四年的社会繁荣和温和的通货膨胀，暂时平息了自19世纪90年代中叶以来美国社会的争论。尽管以前的抱怨还没有完全消除，但农民的不满情绪基本得到了缓解，一位旅游者这样形容他所看到的景象："在堪萨斯州和内布拉斯加州，几乎每一个粮仓都被粉刷一新。"

也许更重要的是,对于布莱恩理念在美国取得的胜利,很多中产阶级已经能够坦然接受,他们向商业垄断、腐败、社会财富分配不公等方面发泄着他们的怒火。

1900年的总统大选并没有显现出社会心理的变化,但是,在接下来的10年中,美国将渐渐地远离第一次"镀金时代"。而下一次由网络财富引发的美国社会财富激增,则是80年之后的事情了。

进步时代(1901—1914)的美国财富

美国历史上的很多富豪都产生于19世纪90年代。那个时期,约翰·D. 洛克菲勒成为美国第一位亿万富翁;安德鲁·卡内基在1902年开始出让5亿的钢铁资产。其他富商与这两人相比差距明显。除了洛克菲勒和卡内基这两位大亨之外,其他富豪的个人财产和家庭资产,在19世纪90年代到1914年期间并没有大幅增长,其中个人平均财产从1亿美元增至2亿美元,家庭平均资产从2亿美元增长到3亿美元。美国重工业化的浪潮从19世纪80年代初一直延续到1907年前后。

▼ 钢铁大王安德鲁·卡内基

与英国爱德华七世时代一样,对于很多富人来说,美国的20世纪前10年也经历了一个黄金时期。在19世纪80年代,威廉·H.范德比尔特获得了1 000万美元的惊人年收入,成为当时美国首富,其中很大一部分收入是来自美国政府利息和债券收益。到1900年时,钢铁巨头安德鲁·卡内基的个人年收入就

已经超过了2 300万美元；据相关人士估算，1907年时，约翰·D.洛克菲勒的年收入能够达到1亿美元，而且那时还不用缴纳个人所得税。从整个美国社会来看，当时普通家庭的平均年收入还不足500美元。

1900—1907年，美国经济飞速增长，然而这种增长模式在未来的7年中变得不太明朗。从总的情况来看，剧烈的财富增长是无法预测的，但一种新的、较为温和的通货膨胀已经在全国范围内对分配的公平造成了影响。农业仍然是当时美国最大的产业，由于在新的金银生产政策下货币供给量的增加，从1900—1910年的10年中，农作物价格翻了一番。与此同时，农民的收入也比10年前提高了2/3。在19世纪90年代，城市和城镇员工的工资一直停滞不前，而在1900~1914年，员工的平均年收入从418美元增至649美元，涨幅达到50%。

这个时期百万富翁的人数也随着通货膨胀的加剧而急剧增长。据纽约国际先锋论坛统计：1890年，百万富翁的人数是4 092名，而1900年这一数字突破5 000，到1914年时，百万富翁的人数达到了7 000名。

除了铁路大亨以外，在1900~1914年间，个人净资产达到6 000万~7 500万美元的富翁中，有石油大亨约翰·D.洛克菲勒、钢铁大亨安德鲁·卡内基，还有铜业、烟草、木材等多个领域的巨头，以及金融业的詹姆斯·斯蒂尔曼、乔治·贝克、梅隆兄弟等财富名流。

如果从地理的视角来审视美国的财富，可以看到来自美国西部的有铜业首富威廉·克拉克、木材首富弗雷德里克·韦尔豪、铁路巨子詹姆斯·J.希尔；来自南部的有烟草业巨头詹姆斯·B.杜克。除了他们之外，其他上榜的美国富豪，均来自东北部和五大湖区。

进入20世纪，收入中值出现周期性波动，个人所得税政策在温和地变化，电信业迅速发展，投机泡沫开始显现，市场急速增长，计算机发展速度飞快……这一切都说明一场巨大的变革即将出现。第一次世界大战应

【财富展望】

在后来的25年中，美国的联邦统计数据日趋准确化，能够更好、更明确地显示财富的多少和分配的差异。但是，除了亨利·福特和其他少数富商之外，20世纪早期没有出现像19世纪末如此之多的业界巨头。英国作家托马斯·卡莱尔这样评价美国19世纪的历史，他说："这是一个大亨云集的时代。"

合了这些征兆，成为最先的转折点。

一战和经济泡沫时期(1925—1929)的美国财富

一战于1914年夏天爆发，一战的开始让美国很多财富大亨深感不安。随着欧洲诸强相继参战，由于担心战事的影响会令欧洲各国抛售股票，纽约股票交易所的股票价格急剧下挫，于是纽约股票交易所被迫关闭了股票交易，这一休市就长达4个月之久。然而，令很多人意想不到的是，股票交易恢复后，道琼斯工业指数在1915年内便一路飙升，在1916年时达到新的历史高点。此时，利用为欧洲交战双方提供战争武器的机会，美国经济开始走强。1917年美国参战之后，政府开始征收个人所得税和超额利润税，政府管制措施也才开始执行。

战争不可避免会导致通货膨胀，在1917—1919年之间，通货膨胀率达到了历史最高点。之后虽然通货膨胀率有所下降，但实际物价还在上升，一直到1920年，物价最高时比之前翻了一番。和南北战争时的情况一样，工人工资的增长速度没有跟上物价的上涨速度。然而，从艾奥瓦州农场历史平均价值的比较可以从侧面看出，在1920年时，农产品价格

创下了历史新高。从商业方面看,重税的征收和政府管制措施的出台,使得1917—1918年的通货膨胀没有像南北战争时期一样造成巨大的贫富差距。

1914年一战的爆发,扼制了美国国内进步主义运动的势头。1917年,美国刚宣布参战并加入到协约国作战当中,政府对农业、工业和铁路部门的管制便马上付诸实施。这些措施属于更加严格的国内干涉政策,有的甚至采取了社会党倡导的措施。在1917年底,华盛顿政府开始对全国的铁路实行政府运营机制。同期,战时劳工局的成立为劳动者争取了很多权利,在与政府的谈判中,它为重要生产部门的工人争取到了每天工作8小时的劳动保障权利。

历时5年的一战,对美国国内的企业财团和富人阶层来说,是一个大发横财的好机会。1915年和1916年,一战已经打响,但美国并未参战。在这两年中,美国社会中占人口1%的富人阶层急剧增长的收入和财富,几乎可以与1929年经济泡沫顶峰时骤增的财富相媲美。对军火供应商来说,战争简直就是一个天赐的发财良机。1914年时,杜邦公司还只是一个军工制造企业。在一战期间,它取得了向德国出售化工产品的专利权,这使它获得了丰厚的利润。企业利润从1914年时的600万美元一跃上升到1916年的8 200万美元。由于政府对军售的许可和杜邦本身的大肆扩张,1920年战争结束后,杜邦摇身成为全球军工领域中富得流油的大财团。

伯利恒钢铁公司的股票由查尔斯·施瓦布操控着,股票价格从1914年7月的33美元猛增至战时最

【经济内幕】

有消息披露,当初极力怂恿美国当局参加一战并从中攫取巨额财富的鼓动者中,很多都是家族式的企业财团,像J.P.摩根、杜邦、马塞勒斯·哈特利·道奇·查尔斯·施瓦布等,它们曾经在美国南北战争时向联邦军队提供过战争武器。

高点600美元；通用汽车的股票价格也从78美元上升到了750美元；铜的价格更是被炒成天价。9种军工企业的股票指数在18个月中上涨了311%。斯图尔特·布兰德斯在回忆美国通过战争敛取财富的那段历史时说，巨额的利润导致华尔街和其他商品交易市场整日处于浮躁之中，

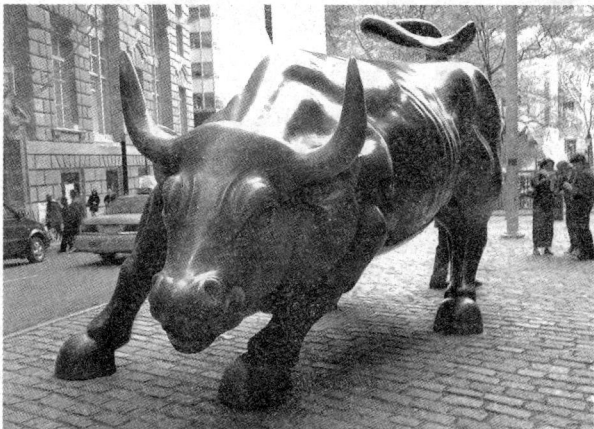

▲ 华尔街的铜牛

尽管有时候损失在所难免，但是财富总额却在不断地增加。那些成功的股票和商品投机者一时名声大噪，人们称他们为"战争贪婪者"。

一些改革家抱怨，战争打乱了进步主义时代资本家们的财富秩序。战争的到来逐渐化解了民众对社会的不满，但是这些不满和怨气，在1929年的经济危机到来时又重新迸发出来。1935年，畅销杂志《美国信使》（American Mercury）把一战描述成"第四次国家盗窃行为"。这个时期还产生了另外一个广泛流传的词"杀人的商人"。

1917年和1918年，战时超额利润税限制了军工企业的税后收入。有人士预测，杜邦家族企业在未来一代人手中，它的财富可以与洛克菲勒、梅隆和福特家族相匹敌；甚至有人还提出，杜邦的财富在两代人之后可能会超过这些传统巨富。

1924年底，美国经济开始走向繁荣。建筑业飞速增长，道琼斯工业指数突破了1919年116的前期高点。卡尔文·柯立芝在1923年哈丁总统去世后成为新一届美国总统。他以

压倒性的优势赢得了11月的总统大选,同时也使共和党再次牢牢地控制住了国会和政府。

美国南北战争之后的几年,国内环境为北方实业家创造了良好的条件,为他们提供了难得的发展机遇。同样,"一战"后的20世纪20年代也是企业家事业发展的好机会。在本书第一章,我们把美国南北战争说成是财富和资本的革命。然而,20年代所形成的经济泡沫,让人们很容易把它看作是财富与资本的投机,有时甚至还会认为经济在向畸形方向发展。战争往往会导致剧烈的通货膨胀,在紧接下来的一个时期,一般会迎来低通货膨胀的繁荣期,"镀金时代"、20世纪20年代、80年代和90年代都是这样。在经济繁荣期,对于很多普通民众来说,日子其实并不好过,不过处于经济盛世的现实会使他们一直保持乐观的生活态度,直到经济泡沫破灭为止。

这种情况就是20年代的真实写照,保守主义思想在主要的两个党派——民主党和共和党中蔓延。1924年,威斯康星州国会议员罗伯特·L.拉福莱特作为第三党候选人参加总统竞选。一些对民主党和共和党政纲和态度不满意的力量,如铁路工会、农业团体、矿业工人等,打着进步主义旗号支持拉福莱特参选。最终,以进步姿态参加竞选的拉福莱特在大选中获得了的公民选票,这也说明了当时保守主义思想在两党中是多么盛行。

工业生产水平提高,企业、银行、公共设施的发展加快,这些都促进了经济的快速增长。生产力的提高主要依赖电力的供应和机器生产,当然也离不开新的交通方式和交通设施的出现,如轿车、卡车的普遍使用、高速公路建设、电话普及、办公自动化等。制造业工人的劳动生产率得到了较大幅度的提升。当然,其中大部分转化成企业利润,并没有成为工人的工资。20世纪20年代的平均年增长率达到了,超过20世纪任何一个10年的平均生产率。汽车行业在20世纪初成为增长速度最快的行业,1926年的增幅比1900年增加了12倍。这样的快速增长在70年之后的计算机行业才再次出现。

企业自身的改制和企业间的合并重组提高了生产效率,同时也使投资银行和公司股票持有者,能够拥有更大价值的企业资产和更高的股票价格。1919年,89项企业合并行为涉及527家企业;1928年,201次企业合并将1 259家企业重新组织起来。

很多家族式企业在这一时期被推向公司化的轨道,大约有20%的国家财富从私人手中转移到公司控制之下。此后不久,这一数字上升为30%,也就是说,全国所有的公司资产占国家财富的30%。全国100强企业占全国工业净收入的一半以上。20世纪20年代控股公司的改组令人关注。来自纽约股票交易所的数据显示,1928年,股票交易活跃的573家上市公司中,有395家既是控股公司又是运营公司,92家不属于这两类公司的企业,也都持有其他公司的股票。

个别投机行为的不断加剧很可能引发一场巨大的投资灾难。造纸企业在这中间不断推动股票价格的上涨,其势头比以往任何一个时期都要强劲,在很大程度上刺激了20世纪20年代的经济繁荣。由于更多的国家财富份额被公司所掌控,所以公司及其下属分支机构,采用了更多的金融手段来实现公司运营,包括银行贷款、购买证券等。

▼ 华尔街金融中心

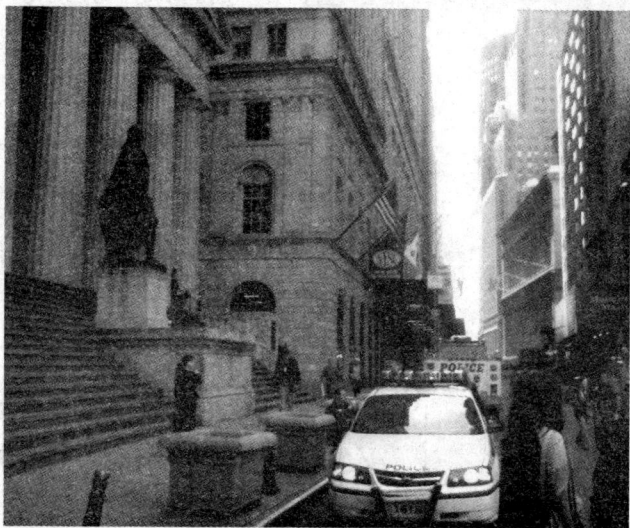

【揭秘财富】

　　1929年是非同寻常的一年,尽管秋天时全国经济开始衰退,但对于一部分人来说,仍然是一个好年景。占全国人口1%的富有阶层拥有当年全国收入的15%~17%,占全国人口5%的富裕人群分享了全国37%的收入。从财富占有情况看,据统计,1929年,1%的富人拥有全国37%~44%的财富。曾在国家经济研究局任职的一位经济学家,对以上数据进行了补充:1%的富人阶层占有全国流动财富的83%,而这些富人中的5%(38 889人),占有全国储蓄总额的30%。所有这些数据都是经济畸形发展的证据,即使在20世纪的后70年里也未曾达到当时的地步。那些百万富翁的损失无疑是巨大的,但是没有人去统计具体的数字。

　　这一时期掀起了投资人对普通股的购买狂潮。20世纪20年代以前,投资人主要对公司的优先股感兴趣,因为购买这些优先股的投资者可以获得现金分红,而购买普通股则不行,所以普通股交易一直不太活跃,交易量不大。然而,进入20世纪20年代,美国最高法院出台了新规定,对企业的股票分红不再收税。投资者因此出现两种心理:一是希望通过购买公司股票来规避普通的个人所得税;二是不再一味地追求现金收益,而是通过购买股票来增加资本收益。这样,普通股就成为人们竞相购买的对象。

　　与此同时,新股发行总量从1926年每月3 000万美元暴增至1929年上半年的每月8亿美元,1929年夏天更是达到了每月10亿美元。

　　对于这场灾难来说,1929年只是短暂的一瞬,它可能持续更长的时间。事实上,工业生产和企业利润一直到1940年才达到先前经济繁荣时的高点。在整个20世纪30年代,人们对投资不再痴迷,并逐渐从20年代时对财富的羡慕心理转变为对财富的深深怀疑。

罗斯福新政、二战和50年代、60年代的美国财富

　　对于那些经历过1921—1922年经济衰退的人来说,也许并不会把30年代中期的经济危机当成世界末日来看待。此时,

共和党已失去了国会中的不少席位，1932年、1934年、1936年，选民逐渐将共和党人排除在国家领导集团之外。随着经济危机的加剧，一场发生在政治集团内部的深刻的力量重组也正在进行着。

在1933年3月罗斯福就职总统之前，生铁产量降到1896年的水平。由于农产品价格下降，为了扭转生产相对过剩的局面，农民开始屠杀家猪、倒掉多余的牛奶、把谷物当作燃料使用。此时，失业率接近25%，近5 000家银行的倒闭致使900万美元存款一夕间荡然无存。罗斯福就职后不久，宣布全国银行停业整顿。1929年，美国国民生产总值为1 030亿美元，1930年降到了900亿美元，1931年变为750亿美元，1932年时继续下降至580亿美元，到1933年谷底时只有560亿美元。在此之后逐年恢复，1934年为650亿美元，1935年达到720亿美元，1936年突破830亿美元。1937和1938年有所反复，重新陷入新一轮的经济衰退。

新的经济联盟主要以20世纪20年代形成的民主党内部委员会为班底，主要由资本家组成，包括商业精英和投资银行的银行家，他们大多来自南方、西部和犹太人群体；南方和西部的棉花、石油、矿业、烟草等领域的显要人物；来自农用机械、农业综合企业、铜业等反关税行业的行业领导者；还有零售业、通信、房地产、建筑业领域的企业家；以及新兴技术企业（如通用电气和IBM）的企业负责人。从区域的角度看，南方和大城市在政府支出和不断提升的政府

【话说经济】

但是经济形势并没有因此而根本好转，人们对富人阶层、共和党人和金融财团都疑虑重重，而且对罗斯福执政时期的民主党政府也需要一个接受和适应的过程。这种社会情绪在罗斯福新政时期的1935—1936年间表现明显，而且一直延续了20年。到60年代末70年代初，美国平均主义达到高峰，疑虑情绪仍然继续影响着美国经济的发展。富兰克林·D.罗斯福入主白宫，成为了美国政治历史的分水岭，一个新的治国精英集团从此形成。

影响力中受益匪浅。工会也通过新政赋予的活动空间，积极为工人争取更高的工资。

在20世纪40年代、50年代以前，几乎没有民主党资本家能够在国家财富排名中占有一席之地，而国内的草根阶层财富则增长迅速，包括南方人、城市平民、工人和农民。在1933—1949年间，国内物价水平翻了一番，制造行业的工资是先前的3倍。1933年，平均工资水平1 086美元，1939年上升到1 363美元，1945年时达到2 515美元，到1949年平均工资突破3 000美元，达到3 095美元，而且预期还会有所增长。工会和蓝领工人的活动空前活跃。

1930—1940年期间，损失相对较大的当属富人阶层，他们在20世纪20年代时经历了财富爆炸时代和后来的经济大萧条。一些观察家认为，罗斯福在1932—1933年打击"货币兑换商"的政策和防止财富过分集中的政策，都体现了他对保守的货币财政政策的偏好。实际上，这些政策是

▼繁华的金融中心

政府对公共债务和银行集团的不信任所致,这不禁让人们回忆起杰斐逊和杰克逊总统的执政时代。1933年11月, 罗斯福在写给豪斯上校(曾在伍德罗·威尔逊政府任职顾问)的信中说道:"正如你我所知,从安德鲁·杰克逊总统执政时期开始,一些金融机构的势力就大得惊人,

我不奢望彻底改变这一状况,但我要削弱这些银行的影响力。"

"隐性萧条"时期(1966—1982)的美国财富

　　林登·约翰逊总统宣扬美国是一个"伟大的社会",他认为在越南战场上美国能够取得胜利,也有信心在他的任期内能够消除国内贫穷。然而,60年代末美国经济形势的恶化、社会中过分的盲

▼ 金融中心鸟瞰图

【话说经济】

　　"隐性萧条"这个词可以概括出美国经济社会在1966—1982之间的主要特征。这个说法不仅可以使人们更直观地了解美国在这一时期的财富状况，同时说明了美国经济的基础是多么不稳固。19661982年经济萧条的主要原因潜伏在60年代经济的表面繁荣之下，高额的贷款、消费热情的极度高涨、在不同行业的企业之间合并过程中所产生的诸多投机行为，以及政府对前景的过分乐观等，这一切都使得美国经济存在着巨大的隐患。

目和乐观情绪，以及美国在越南战争上的失败，都在宣告着：美国战争的黄金时期彻底地结束了。如果说"隐性萧条"时期还有成功之处的话，那只能算是在基本公民权利方面取得了一些进步。

　　对于普通美国人来说，这是美国在和平时期所经历的最严重的一轮通货膨胀，消费价格指数在1966—1982年间翻了3倍，中等家庭的收入水平迅速下降，在1970—1982年下降8%~10%。80年代以前，经济学家莱斯特·萨罗就曾预言，中产阶级的没落将使美国社会的贫富差距进一步扩大。

　　与其他国家相比，美国处于即将失去经济大国地位的边缘，这时的美国仿佛20世纪早期的英国一样。众议院筹款委员会主席威尔伯·米尔认为，美国现在已经没有能力去扮演它之前在全球政治经济中所充当的角色。理查德·尼克松总统和他的国务卿亨利·基辛格，无奈地重温着由阿诺德·托因比和奥斯瓦尔德·施本格勒提出的"没落理论"，美国在走下坡路的事实不可否认。

　　经济的萧条重重地打击了那些对未来盲目乐观的企业界人士。1975年，《哈佛商业评论》对1 844位读者进行了调查，发现其中3/4的受访者对在未来10年中个人的经济状况和企业的生存情况，都表现出极度悲观的情绪。1974~1975年，联邦会议委员会组织召开了一系列的会议，与会的企业管理者们一致认为，美国的自由企业制度，在未来将会出现重大问题。

此时，美国的政府高层也是麻烦不断。尼克松政府面临着"水门事件"导致的严峻政治形势，很多共和党的高级官员都认为，中央情报局会不遗余力地推翻现任政府的领导。1974年，罗纳德·里根还一度考虑转向第三党派。而7年之后，当他入主白宫坐上总统之位的时候，他想要撤销联邦储备委员会的计划遭遇挫败。

1966—1982年的美国，也如同19世纪后20年的英国一样，正在经历一个难熬的过渡时期。在这个时期，政治、文化、经济、金融等所有领域都表现出各种令人不满的迹象。从美国财富方面看，我们应该说，这次股市的崩溃程度，仅次于1929~1933年经济危机时崩溃的程度。

1966—1982年，普通家庭收入锐减，道琼斯指数也从1966年的最高点开始下降，到1982年8月共经历了两个阶段：一个是温和下降阶段，在这期间股指从1 000点下降为775点；另一个是急速跳水阶段，股指迅速降至260点，市值几乎损失了3/4。回忆1929年9月~1932年7月经济危机期间，将通货膨胀的因素考虑在内，股票指数几乎下降近80%。这充分说明了1966—1982年对于美国来说，也是一次隐性的或是悄无声息的经济危机。

1982年，在里根政府执政期间，经济开始有了复苏的迹象。保守主义理论家倡导从紧的货币政策和宽松的财政政策相结合。紧缩的货币政策是为了抑制通货膨胀，而宽松的财政政策包括减税和扩大政府财政支出，而这两项政策措

【财富揭秘】

个人财富在1968年时达到了高峰，当时全国百万富翁的数量超过10 000名。《财富》杂志对美国富人财产进行了统计，排在前30名的富豪不仅有老牌的传统富商，也有几位第一次入围的新贵，其中有4位来自计算机和技术领域。

施都将加大财政赤字。这种经济繁荣并不是良性的、健康的，而是处于一种不平衡的状态之下。这种不平衡包括贫富差距拉大、债务和奢侈品消费猛增、技术优势没有得到发挥、生产力提高幅度有限等。

从某种意义上说，这一时期是90年代"科技创造财富"浪潮的序曲。尽管从政治、经济等诸多方面看，80年代与90年代有着密不可分的关系，但两个时期的经济繁荣从本质上看却是截然不同的。依靠科技的力量，美国在90年代赢得了经济繁荣，而且政府对普通人的生活给予了极大关注，这一点是以往各时期所没有出现过的。

20世纪80年代没有出现像20年代中亨利·福特、托马斯·爱迪生那样的财富领军人物。社会生产力的提高尚处于温和阶段。让里根总统和夫人感到骄傲的是南加利福尼亚州40年所取得的成就，这些成就主要表现在电影电视、房地产、出版业、批发零售业、时装业等行业和领域。时任财政部长的唐纳德是著名证券交易公司的前主席，曾经在华尔街驰骋多年的他，对金融领域有着浓厚的兴趣和独到的见解。所以，当高科技领域的机构向政府寻求帮助以应对来自国

▼ 华尔街证券交易所

外的威胁时(如美国商会和半导体行业联合会),总统和他的智囊团似乎没有对此给予足够的重视,也没有像支持五大湖工业区那样对技术领域提供帮助。在里根和布什两位总统在位期间,政府保守的执政理念没有积极推动技术领域的发展,这使他们错过了为美国经济注入强心剂的大好机会。

很久以前,欧洲政府曾经追求重商主义政策,主要关注于出口贸易,为的是以黄金来衡量财富的增加值。20世纪80年代和90年代,美国国内和全球政策不断地扩大覆盖的领域,政策手段也日趋成熟。这不仅推动了银行业的发展、促进了证券市场的发育和投资者的成熟,同时也帮助一批有实力的企业不断成长壮大,促使出口贸易向更高层次发展。而且,在企业遇到危机之时,政府能及时地施以援手。"一保一促"的经济政策的推行,使美国金融资产和众多企业都处于政府的控制之下。

随着新千年的临近,两党内制定经济政策的高官们开始致力于经济和金融的安全,他们将援助资金

【经济感言】

80年代和90年代,美国成为一个巨大的金融试验场。经济繁荣景象的成因有一些是值得我们关注的,如金融管制的放松、金融手段花样不断翻新、人们投资热情极度高涨,以及高等数学公式应用于金融领域等。对此,中间派和左翼政客都欢欣鼓舞。在80年代的美国,股票市场的资本所得推动了国内生产总值的增长,克林顿政府加大了对债券和股票市场的关注程度。

▼声援占领华尔街运动

【记者观察】

1987年10月19日早晨，股票指数暴跌508点。《华尔街日报》记者特意绘制了一幅图，对20年代和80年代的股票指数轨迹进行比较，人们惊奇地发现，历史是如此相似。10年之后，当年股票指数比较图的绘制者又进行了一次比较，这一次是将1990—1999年和20年代的两次经济繁荣期进行比较，结果也是惊人的相似。

提高了一倍，有的甚至提高了两倍。美联储也做好了各种准备，以应对经济衰退、银行破产、股票熊市以及重商主义引发的其他问题。无论是 1987 年、1989—1991年，还是1997年和1998年，经济风险都随处可见，银行、债券持有人、证券市场、金融市场都面临着随时可能引发的危险，资产的增长存在着相当大的不确定性。

从1998年秋天以来，纳斯达克指数上涨了300%，于2000年3月创造了5 048.62点的历史最高纪录，而后，纳斯达克指数开始跳水。1999年下半年，技术股推动了纳斯达克股指的攀升，成为"救市主"。

第三节　财富名人榜——约翰·皮尔庞特·摩根

1837年4月17日，约翰·皮尔庞特·摩根出生在美国康涅狄格州小城一个富有家庭，其祖父和父亲都是成功的商人。

1862年，美国的南北战争已经爆发。一次在和朋友闲聊中，摩根得知，北军伤亡惨重，他顿时联想到，战事不好定会引起金价上涨，于是他和朋友设了个圈套。他们先秘密买下了500万美元的黄金，在把一半汇给当时的金融中心伦敦时，故意泄露出北军战败的消息，由此引起金价上涨，然后再把手里的一半抛出，这样，他们大赚了一笔。

1864年，摩根成立了达布尼·摩根公司，专门从事债券、商业票据、通货和黄金的买卖。

1879年，摩根涉足承销私人企业发行股票的融资业务，他成功地为范德尔比特承销了纽约中央铁路公司的25万股普通股，从此他赢得了伦敦和美国企业家、金融界的信任和肯定。

1882年2月，摩根在麦迪逊街219号寓所宴请美、英、法等投资企业的代表及全国主要铁路的领导人，达成了铁路联盟，共同提高铁路运费。这次会议被美国史学家称为"历史性的摩根会议"，从此以后，美国铁路界及金融界经营都成为"摩根化"模式，即进入了所谓"美国经营

▲ 约翰·皮尔庞特·摩根

摩根化"时代。

1913年1月7日,摩根乘船前往开罗。出发前,他悄悄立下了遗嘱:"把我埋在哈特福德,葬礼在纽约的圣·乔治教堂举行。不要演说,也不要人给我吊丧,我只希望静静地听黑人歌手享利·巴雷独唱。"3月31日,摩根逝世。

从1861年创立摩根商行,经过半个世纪的努力,摩根创建了一个庞大的帝国。摩根家族包括银行家信托公司、保证信托公司、第一国家银行,总资产34亿美元。摩根同盟总资本约48亿美元,由国家城市银行、契约国家银行组成。摩根同盟与摩根家族被总称为摩根联盟,摩根联盟中以摩根公司为轴进行董事部连锁领导,大金融资本与超过20万的主力金融机构互相连结,这样就构成了结构庞大、组织严密的"摩根体系"。摩根是名副其实的华尔街神经中枢。

名人轶事

1857年,刚刚大学毕业的摩根在码头碰到一位推销咖啡的人,那人自我介绍说是往来于巴西和美国之间的咖啡货船船长,受委托到巴西运回了一船咖啡,谁知此时美国的买主破了产,只好自己推销。为尽快出手,他愿意半价出售。

摩根看了货,又仔细考虑了之后,决定买下咖啡。当他带着咖啡样品到所有与他父亲有联系的客户那儿推销时,人们都劝他要谨慎行事:价钱虽然让人心动,但舱内咖啡是否与样品一致则很难说。然而摩根相信自己的判断力。于是,他毅然决然地买下咖啡。

摩根的运气很好,就在他买下这批货不久,巴西咖啡因受寒减产,咖啡价格一下猛涨了2~3倍,摩根大赚了一笔。为此,老摩根对儿子的能力大加赞赏。

第四章　摩天大楼的神话

——金融业到底成就了哪些人

1980 年，特朗普凭着敏锐的商业直觉以及丰富的商业知识，迅速崛起，连创奇迹，才三十刚出头就成为拥有 20 亿美元的巨富，他在大西洋城拥有 4 家附设酒店的赌场，娱乐、住宿和饮食样样俱全，规模与气派均堪称世界之最。

　　1999年7月，美国《企业家》杂志刊登了500名最富有的美国人名单，比尔·盖茨仍是美国最富有的人，个人身价980亿美元，比菲律宾831亿美元的国内生产总值还要多，而且其个人净资产已经超过美国40％最贫穷人口所有财富的总值。2000年，虽然微软股价大跌200多亿美元，比尔·盖茨仍以630亿美元，稳坐全美富豪榜首和全球首富宝座。

　　630亿美元，是一个抽象的数字，如果把这个数字形象化，比尔·盖茨的财富就会令人瞠目结舌了。如果把他的钱用1美元的钞票一张接一张连成一长条，可以从地球到月球走十个来回。这些钱垒起来的高度为5 848千米，重量有5万吨。美国前总统克林顿年薪20万美元，当一年总统抵不上比尔·盖茨半个小时挣的钱。比尔·盖茨的财富来自网络，来自这个不可思议的网络时代！

第一节　金融霸权下的房价之痛

美国中产阶层的出路在何方？极其悲哀的是，作为美国中坚力量的中产阶层正在萎缩。他们为那些无法偿还的债务疲于奔命，而事实上，他们所拥有的只是毫无价值的资产。

▼ 美国别墅

尽管美国政府和人云亦云的媒体最初试图欺骗人们，让他们相信似乎两年前所发生的，仅仅是一场"次贷危机"，但现实却清楚地告诉我们，美国所有形式的抵押贷款，包括所谓的"优级贷款"的违约率，都将创下历史新高；未来两年购房者在房贷上的违约只会变得更严重。这进一步说明华尔街提倡的信贷消费模式——"用明天的钱圆今天的梦"，是用来欺骗民众、掠夺财富的大陷阱。

在几千年前的美索不达米亚、古埃及和古罗马，出现了历史上最著名的几个帝国。每一个都有其辉煌的时刻。但是帝国为维持统治所付出的成本也是巨大的，包括杀戮、损耗自然财富和扼杀人类的创造性。自负和崇尚暴力的统治者们，体现了帝国必然具备的戏剧性的冷酷：要么参与游戏，要么就被遗弃；要么统治别人，要么就被统治；要么去杀人，要么就被杀。这一切都取决于权势的威慑力。而最有利于他们利用权势的，则莫过于残酷和野蛮的行径。

【实话实说】

　　失业，正在使人到中年的中产阶层人士走向破产之路。因此，"两人收入"式的美国中产家庭，被逼得站到了刀刃上。而他们保持中产阶层地位，并确保其子女有更好生活的唯一办法，就是保证就业。缺乏收入来源，中产阶层就只有两条途径来维持其生活水准：要么出售资产，要么借贷更多。不过，中产阶层决不肯轻易出售其资产。因为他们的资产是房子，他们总不能把自己在高价位买入的房子以低价卖出去吧？但是中产家庭更不愿意再借贷——他们已经是负债累累。

　　华尔街又何尝不具备帝国的特征？华尔街不惜一切代价所推动的是一种金融体系，但更是一种垄断性的权力体系。当人们对作为交换媒介的金钱的依赖越来越严重时，那些握有权柄的人，就会越来越乐于创造金钱，并滥用这种权力来决定谁能得到金钱。人们依靠这一体系所能创造的并不是社会财富，而是海市蜃楼，房地产泡沫就是最好的例证。

　　那些参与"缔造财富"的金融机构的权贵们，用金融资产搭建了一座债务金字塔，在杠杆的作用下，用光怪陆离的衍生证券将"财富"像变魔术般变了出来，然后凭借虚幻的超额利润收取极高的管理费，并制造出一个个完美的庞大骗局，即不断用后来的人的钱去填补前面的窟窿。当借款人开始拖欠债务或无法偿付贷款时，泡沫破灭，"财富消失"，债务金字塔瞬间崩溃。而站立在金字塔顶端"缔造财富"的魔术大师，早就把金字塔底部的财富装进腰包开溜了,留下的只是一片残垣断壁(无法填补的债务黑洞)。

华尔街提倡用钱生钱、提前消费、信贷消费的经济模式,是以不劳而获为诱饵,使广大民众放弃储蓄,去追求所谓的高额利润。他们不惜大幅举债投入房市和股市,最终掉进陷阱不能自拔,成为受制于金融霸权的房奴、车奴和卡奴,甚至倾家荡产,流落街头。这也解开了一个长期以来让人们百思不得其解的疑问:华尔街何以始终立于不败之地,并且能够掠夺中国及世界其他各国的财富?这是因为人性中固有的贪婪和盲从,在培植这一现象,是使它生根、发芽、开花和结果的土壤!只有看清这一点,人们才能摆脱被奴役的命运。

第二节　证券化是不是一种陷阱？

自20世纪的大萧条以来，美国经历过一系列的金融危机，其中有1982年的宾夕法尼亚银行大崩溃，80年代末的储贷危机，1998年的长期资本管理公司大崩溃，还有千禧年的互联网泡沫。哪一次危机的严重性都无法和次贷危机相提并论。

次贷危机的震撼力却是空前的，它导致金融系统的每一个角落都剧烈地震动。住房抵押贷款支持证券、商业抵押贷款支持证券，以及以资产作为抵押的担保债务凭证的交易都停顿了，连美国各个州和地方政府在为建造学校或进行公共建设筹资时发行的免税债券，也都卷入了风暴的旋涡，遭到市场的猜疑。不仅房屋抵押贷款支持证券面临灾难，全球货币市场也迅速遭遇了同样的灾难。而几年前，美国以及欧洲央行刚刚建立了一套结构性投资工具（Structured Investment Vehicles，简称SIV）。

【经济专家有话说】

1998年震惊全球的长期资本管理公司崩溃事件，造成46亿美元的损失；90年代，日本银行面临危机，致使日本经济至今尚未全面恢复，而那次危机总共也只带来了7 500亿美元的损失。

结构性投资工具是通过投资于范围广泛的资产（包括抵押贷款支持证券）和出售短期商业票据来筹集资金。在低利率主导市场的时期，结构性投资工具能够以简单、低成本的方式发行短期商业票据，然后用筹得的资金去购买长期住房抵押贷款支持证券。但次贷危机一来,货币市场基金和投资人对于结构性投资工具发行的商业票据失去了信心。结构性投资工具顿时被踢出局。

而华尔街将证券衍生化不断向全球推广,其结果就是全球的财富神不知鬼不觉地被转移到华尔街。证券衍生化真可谓华尔街独创的"移钱大法"!狼群总是跟着肥羊走。目前全球最肥的"羊"就是中国。证券化已然对中国构成了严重的威胁,掉进证券化陷阱的中国财富数额已是天文数字。只有认识、剖析了证券衍生化的实质,中国才能更好地守卫财富,避免人民用血汗创造的财富被豺狼劫掠。

▼ 美国股票交易所

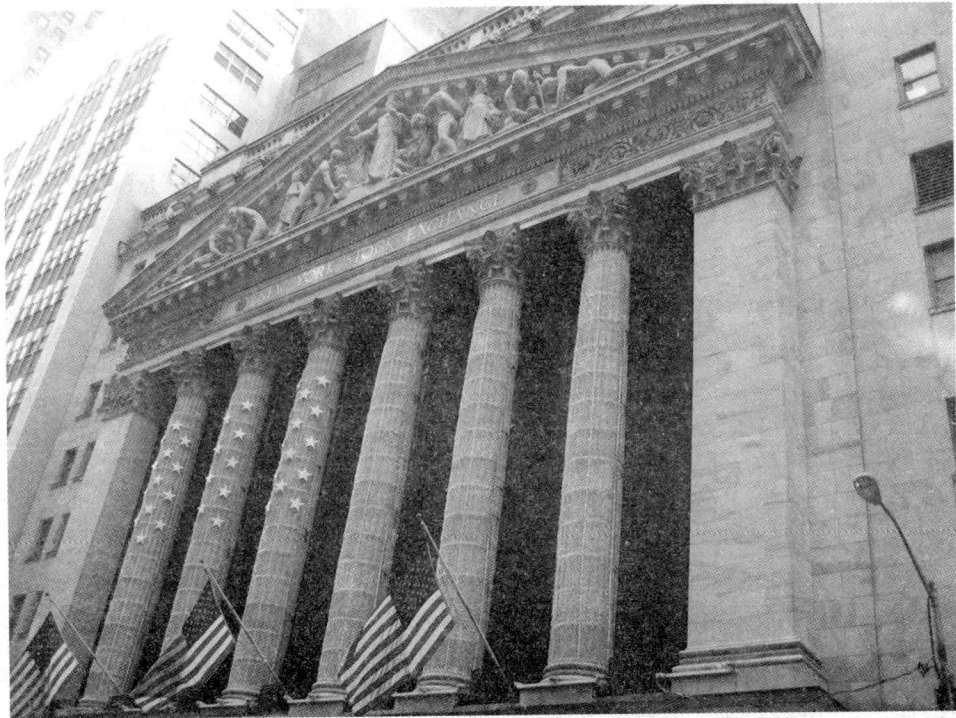

第三节　高利润的杠杆调控

在20世纪七八十年代的美国,由于通货膨胀和高利率,银行都很难赚到利润;相反,新建立的货币市场基金却有着很高的投资回报,诱惑着存款资金全部涌向那儿。另外,在80年代初,许多银行野心勃勃地贷款给拉丁美洲国家,但那些国家没有好好地管理这些贷款, 导致了数亿美元的贷款遭遇违约。从80年代中期至90年代初期, 储贷危机造成745家银行倒闭,纳税人因此承担了1 300亿美元的资金损失。

然而证券化并不是清债信托公司首先使用的, 开创者的荣耀要归于"两房", 以及联邦住房管理局(FHA)。不过,是清债信托公司首先证明证券技术适用于所有商业类型的贷款。不仅如此,清债信托公司为了使证券化通行无阻, 还建立了一套法律和会计规则, 以及投资者从事证券交易所需要的基础设施。到了20世纪90年代中期, 清债信托公司由于运

【揭秘金融】

面对金融市场的变化无常和储贷机构的金融欺骗行为, 政府最终不得不以财政(融资)手段来解决危机。无奈之下,决策者设立了一个叫清债信托公司(Resolution Trust Corporation,简称RTC)的机构。清债信托公司优雅地采用了一种金融技术手段——证券, 将利息和本金以交易的形式出售给投资者。由此,一个新的群体,证券投资者出现在储贷危机中,他们变成了贷款的拥有人,有权获得利息和本金。于是,证券化便一发不可收拾,从汽车贷款到商业抵押贷款,全都被包装成证券,出售给广大的投资者。证券化竟出人意料地解决了储贷危机,减轻了纳税人的负担,简直是振奋人心之举。

营出现问题倒下了,于是,华尔街兴高采烈地接过了证券化的方向盘。

投资银行家采用证券化手段,首先通过信用卡这一大众市场,利用借款人的信用分数和有针对性的直接营销技巧,使银行得以将信用卡发放给数以百万计的中等收入,甚至低收入的家庭。银行在这一领域面临的唯一限制,来自于它们自己的资产负债表——缺乏足够的存款或资本,这就限制了银行放开手脚,大干一场,而证券化就解除了这一束缚。一旦对信用卡进行了证券化,那么银行不需要存款就可以放贷,这时就有投资者购买信用卡抵押支持证券,资本已经不是问题,因为是投资者拥有了持卡人,而不是发放银行的贷款。信用卡贷款因而剧增,到了90年代中期,应收款增加了一倍。

证券化的威力也体现在繁荣时期的房屋净值贷款和住房建造贷款上。当美国国会取消了对非抵押贷款债务利息的减税措施之后,对第二套房的按揭贷款在80年代后期快速膨胀,因为房屋净值贷款的利息依然可以抵税,房主如果缺钱花,可以用自家的房子作抵押,以低成本和简便的方式获得所需的贷款,随意购买游艇、豪华车、珠宝项链等。别出心裁的营销手段使独栋楼颇具吸引力,有取代公寓的趋势。到90年代中期,房屋净值贷款和住房建造贷款几乎增加了3倍。

【揭秘金融】

最活跃的信用卡债务、房屋净值贷款和住房建造贷款的放贷人并不是银行,而是金融机构。这些金融机构无须吸收存款,因为贷款已经被证券化了。正因为无须吸收存款,金融机构才不像银行那样受到监管机构的监控。如果金融机构破产了,那么纳税人不会受损失,只有金融机构的股东和其他债权人会亏损。因此,金融机构便为所欲为,越来越疯狂,甚至毫无顾忌地降低或完全违背传统的贷款标准。

第四节　华尔街的战利品

凡事都要看结果。每到年末,华尔街投资银行便开始清算"战利品"——其发放的红包多少,是最能吸引眼球的财经新闻。年景好的时候,各大投资银行报出的红包数额一家比一家高,民众也

▼ 华尔街投资银行

还能够接受:"美林45万美元的平均奖金","雷曼兄弟平均50万美元","摩根士丹利平均55万美元","高盛平均60万美元"!当前,金融危机远未结束,高盛则在2010年率先高调报出其31 000名员工的人均入账有望达到70万美元的消息,这一收入水平创高盛136年历史上的最高纪录!这使大量失业或失去家园的美国民众怒火中烧。

他们赚得越多,广大投资者的亏损就越大。社会大众的财富就这样神不知鬼不觉地通过移钱大法,被装进自称是"为上帝工作的人"的口袋中。

这些救助资金总共达到近640亿美元。如果没有这640亿美元的救助资金，高盛就将像其他很多银行那样，绝对活不到今天。高盛在危机最严重的时刻获得这些救助资金，并再一次利用20～30倍的高杠杆借到相当于2万亿美元的资金，一跃成为当时最有钱的银行，而后又利用这些钱在股票市场崩溃和各类资产处于最低价的时期大量购进资产。随后，美联储和美国财政部以"营救金融体系和国民经济"的名义投入了23.7万亿美元的资金，使那些资产重

【揭秘金融】

针对美国民众高涨的怒火，高盛的董事长兼CEO罗伊德·布莱克芬振振有词地辩解道："我们干的是上帝的活儿。"其言外之意是，他们索取的高额报酬名正言顺。这真可以说是"见过无耻的，可还没有见过这么无耻的"！金融危机确实实证明，危险的根源就是资产证券化。然而华尔街投资银行最赚钱的业务，恰恰就是资产证券化和衍生化业务。在这个证券化的过程中，华尔街2%的人把垃圾包装成黄金(譬如将次贷证券化)。他们赚得越多，广大投资者的亏损就越大。社会大众的财富就这样神不知鬼不觉地通过移钱大法，被装进自称是"为上帝工作的人"的口袋中。

新膨胀。高盛完全是用纳税人的钱以最低价购入资产，从而得以创下盈利纪录。而纳税人却没有得到任何的利益。这就是所谓的"上帝的活儿"。高盛的金融大鳄们脸不变色心不跳地将所赚利润的一半——210多亿美元装进自己的口袋。

为了平息大众愤怒的情绪，高盛表示，公司30位级别最高的管理者将不接受2009年的现金奖励，而是以股票代替现金。这种换汤不换药的"典范"之举，依然难以平息民愤。殊不知，美国上班族的人均年收入不过是5万美元，而单单是华尔街人士平均获得的红包，就接近普通上班族人均年收入的15倍；华尔街不仅闯下大祸令全球经济进入衰退，使大量无辜的民众丢掉饭碗，而且在分发"战利品"时丝毫不手软，这种情形能不令人愤怒吗？然而近年来，华尔街最大的"战利品"，大概要数中资企业了。

第五节　美元:霸权货币的崛起

由于金融化、衍生化可以成为对他国财富巧取豪夺的手段，目前中国有人提倡学华尔街，全面推行金融化、衍生化。

先不说金融化、衍生化带给世界的大灾难，提倡金融化、衍生化的人似乎忘了重要的一点:美国的"金融化"在很大程度上，是在美元的特殊性的基础上进行的"金融创新"。

一方面，离开了美元的特殊性，向他国转移金融风险并掠夺他国财富必定导致玩火自焚，连美国自己也不例外。另一方面，美元绝不可能轻易地退出世界舞台，让位给其他任何国家的货币。为了保证美元的特殊性，美国可以不惜一切代价，甚至动用极端的手段——战争。

说到美元今天的地位，那是美国政府、华尔街和美联储唇齿相依、谁都离不开谁的结果，是历经一番抗争才取得的。

尽管美联储系统在美国本土引发了强烈的争议，但我们不得不承认，美联储自1913年开始运行后不到3

▲ 华尔街投资银行

年，美国与欧洲、拉丁美洲和远东国家之间的贸易便逐渐使用美元结算。这个重要的角色之前是属于英镑的。很显然，美元取代了英镑的地位，成为世界上使用最普遍的货币。而美国新的"世界银行"的角色，以及在全球格局中暂时的金融霸主地位，也是在那个时候获得的。

美元地位迅速提升，这一"战绩"必须归功于《联邦储备法》的总设计师——保罗·沃伯格。无论怎么说，强大的美国和金融霸权，是随着美元国际地位的提升形成的。

"天生我材必有用"。沃伯格前往杰基尔岛的秘密之行，其中一个目的就是使金钱与政治"联姻"（其产物为《联邦储备法》），另一个未公之于众的目的则是提升美元的国际地位。而要想实现这一雄伟的目标，以中央银行作为后盾的美国金融系统必不可少。具体实施这一目标时，在美联储系统的12个私营银行当中，沃伯格给了纽约联邦储行银行独特的领导地位。

第一次世界大战结束后，美元已超过英镑，在全球占统治地位。纽约联邦储备银行在战争中向盟军提供的贷款，扩大了美元在欧洲的流通范围。许多美国金融机构不受战争的影响，纷纷在欧洲开设分行。那时英国的经济因过重的战争负担和维持帝国统治的费用，已被拖累得越来越不稳定。而其他潜在的竞争对手面对本国货币国际化的问题都皱起了眉头。德国认为德国马克在海外被使用是对其控制通货膨胀的效果的威胁，所以政府实行资本管制，阻止德国马克在国外流通。日本官员也采取了类似的措施。截至1928年，世界各地的主要央行拥有将近6亿美元的美

【全球性货币的特点】

作为企业和买卖双方交易的媒介，其汇率必须是各个不同的国家都能接受的。

作为一种储蓄的方式，随着时间的推移，人们不必担心该货币的价值出现严重的损失。

该货币能够成为一个计量单位，或者衡量商品及服务价值的一种手段。

【财富名人】

沃伯格是德国犹太人，其家族在德国银行业颇具号召力，但后来被纳粹剥夺了银行经营权。沃伯格从小体弱多病，但这并不影响他才智的发展，他的想象力和创造力是惊人的，他两岁不到便能背诵诗歌。良好的家庭背景，使他年纪轻轻便能游历印度、中国、日本、埃及和美国。他在欧洲接受了严格的训练——从事复杂的银行业的经营。他到了纽约之后，对美国蓬勃发展的经济和商业在世界上的重要性感到惊奇，更令他意想不到的，便是美国金融业的状态：华盛顿政客不信任中央权力机构，而纽约的金融大亨则掌握着巨额金钱。

元储备，而其他所有货币储备为26亿美元。

当二战结束后，美国已占据全世界工业产量的大约一半，并拥有强大的中央银行。世界新巨人的自然资源也极其丰富，它生产了全世界一半的煤和2/3的石油。而美元作为世界金融体系中心的地位，是于1944年在新罕布什尔州的布雷顿森林镇正式确立的。

就这样，世界上新崛起的超级货币——美元的地位，通过世界上主要国家签署的文件得到确立，它被当成世界货币来衡量其他货币，其优势无可比拟，这是2 500年的世界货币史上前所未有的。美元与黄金挂钩，事实上是在全球金融系统中确立了美元的全球货币的地位，而美元也代表了最大的经济体和最具购买力的货币。这样大的战利品，是美国无法在两次世界大战的战场上获得的。

经过两次世界大战，在经济政策方面以凯恩斯为代表的老牌帝国——英国，与哈里德·克斯特所代表的新霸权——美国，在布雷顿森林镇为由谁主导世界经济进行的力量角逐的结果已是一目了然。美国经济真正摆脱大萧条的阴影而取得突飞猛进的发展，主要得益于两次世界大战——这两次战争拖垮了英国、德国和法国等欧洲经济强国。

第六节 财富名人榜——特朗普

1946年6月,特朗普出生于纽约市。从小他就被父母送进军事学校念书,他的父母认为在严格的培训下,儿子在日后才能有所成就。

1964年从纽约军事学院毕业后,特朗普考入了著名的宾夕法尼亚大学沃顿商学院,在这里的学习为他日后在商业上取得的辉煌成就奠定了坚实的基础。

1975年,特朗普以1 000万美元买进邻近纽约中央火车站的破旧旅馆,这也是其他房地产商不愿意做的,当时这片街区已经衰败,特朗普却要化腐朽为神奇,他要建造一座优雅的高档建筑来复兴这个曾经的纽约中心地段。所有人都认为他疯了。他成功地说服凯悦集团和他合伙开发。历经5年的运筹帷幄,不仅说服市政府给予40年减税优惠、顺利办妥贷款手续,并亲自监督重建工程。于1980年竣工的凯悦大饭店是特朗普房地产事业上的重要里程碑。

1980年,特朗普凭着敏锐的商业直觉以及丰富的商业知识,迅速崛起,连创奇迹,才三十刚出头就成为拥有20亿美元的

▲特朗普大厦

巨富,他在大西洋城拥有4家附设酒店的赌场,娱乐、住宿和饮食样样俱全,规模与气派均堪称世界之最。他名下的4家赌场中,最大的一家名为特朗普泰姬陵度假村,耗资8亿美元。作为特朗普企业有限公司的老板,他的经营业务由房地产业扩大到了旅馆、饭店、赌场、溜冰场,并曾巨额投资美国橄榄球联合会,从而跻身于美国富豪之列。

1990年初,美国经济持续衰退,这段时期也是特朗普最艰难的时期,他濒临破产,泰姬陵度假村被迫宣告破产,他的个人债务则高达9亿美元,他本人的午餐费按破产委员会的规定不能超过10美元。当时的美国媒体纷纷发表评论,声称特朗普无法东山再起了。1995年,特朗普重整旗鼓,身家很快又达到了20亿美元。

特朗普拥有世界驰名的第五大道上的摩天大楼特朗普大厦和广场饭店、可以俯瞰中央公园的特朗普大楼、新近扬名的特朗普国际饭店和大厦等。其他著名的房地产还有马萨诸塞州贝德福德的七春大夏、佛罗里达州棕榈滩上的高尔夫俱乐部等。在美国东部赌城大西洋城,三家世界级的饭店也用他的名字命名。可以说,以"特朗普"命名的纽约大大小小的建筑比以"洛克菲勒"命名的建筑还要多。

名人趣事

在商界看来残酷无情的特朗普,熟识他的亲友却认为他心地善良,不仅常捐款给慈善机构,有时也会默默行善。有一次,特朗普的礼宾车在高速公路上抛锚,一位驾车路过的好心人立刻下车协助,这人正巧是刚被裁员的汽车厂工人,迅速修妥礼宾车之后,婉拒收受金钱酬劳,令特朗普非常感动。翌晨即指派花店送一束鲜花给这位汽车工人的妻子,并且寄出一封挂号信,告知这对夫妇,他已为他们付清房子的所有贷款。

第五章　华尔街日记

——看看他们眼中的财富

　　福特先生是一个很固执的人。他曾经说过:"你可以订白色的、红色的、蓝色的、黄色的、黑色的,订什么颜色的汽车都可以,但是我生产出来的汽车只有黑色的。"他相信黑色的就够了。他还说过:"如果你相信你能做到或者不能做到,你都是对的。"现在福特公司的员工还常常用这句话来相互勉励。

　　网络富豪们个人资产的膨胀，反映出目前全世界产业结构的根本变化：信息技术正在成为当今世界的主导产业。反观1982年的全美富豪榜，前10名中的8位是石油界巨头。而现在，他们都只能屈居在那些年轻的网络富豪后面了。弗朗西斯·培根说过，"知识就是力量"；在网络经济中，我们应该说，"网络就是财富"。

　　美国前总统克林顿1997年9月26日在圣哈辛托社区学院发表演说时说："在19世纪，获赠土地便是获得机会。正如有人给了你们在德得萨斯州的祖先那么一小块土地，就是起家的资本。在21世纪，人们最指望得到的赠品，再也不是土地，而是联邦政府的奖学金。因为他们知道，掌握知识就是掌握了一把开启未来大门的钥匙——不在乎他们拥有什么，而在乎他们知道什么和能够学会什么。"

第一节 "没啥别没车"有道理吗？

汽车，如果这个美国最大的制造产业倒台了，会波及上万人的就业和附带的社会医疗保障。

我们在华盛顿采访的这些日子里，其实不住在华盛顿，而是搬到挨在它边上的另一个州——弗吉尼亚（Virginia），从那里乘地铁到市中心的美国政府机关重地，也就40分钟左右。华盛顿和周边市镇的公共交通还是比较发达的，这和之前在俄亥俄州没有车就寸步难移的状况相比有天壤之别。但是这只是美国几个主要城市的情况，不发达的公交系统已经使汽车变成了美国人的生活必需品。

▼ 福特汽车

我还记得住在俄亥俄州雅典县的丽安。38岁的她，失业已经有大半年了，是个单亲妈妈，和3个孩子住在集装箱改装成的房子里，每个月到福利中心领200多美元的粮食兑换券。她说，即使再穷，即使交不上暖气费，也不能把车

【经济观察】

美国的汽车拥有率近90%。而这也是支持美国汽车业成为制造业领域里最大块头的基础。但是自去年起至今的一连串问题——次贷危机、油价飙升、金融危机、贷款萎缩、利息高涨、消费能力下滑等，已经严重地打击到了美国的汽车业巨头们。

卖掉。"接送孩子上学、去福利中心、上市集买菜等，都少不了车。要是没有车，连工作都找不着的。但是油价涨了太多，只能尽量少开车"。她的情况在当地很普遍，所以福利中心考虑也很周到，安排了每个月100美元的汽油补贴给这些拥有汽车的贫困家庭。

上周，通用（General Motors）和福特（Ford）汽车发布了它们第三个季度的业绩。前者的季度净亏损高达25亿美元，把从2005年来就开始累积的赤字拉高到570亿美元；而后者的季度亏损达1.29亿美元，自2006年来一共累积了245亿美元的亏损。

制造商的资金流动性已经出现问题，而行业代表也已经向美国政府求救，要求从7 000亿美元的金融救援基金里，拨出5亿美元给汽车公司周转，而这项提议还未获得布什政府的首肯。美国全国制造业协会主席约翰·安哥勒（John Engler）在华盛顿举办的一个座谈会上，用了很多时间来描绘美国汽车业的困境和所需的援助，但他似乎没有得到太多的同情，反而遭到了抨击。"美国汽车公司推出的产品不符合现代消费的需求……""拿纳税人的钱去救这些管理不当的公司后，就能提高它们今后的国际竞争力吗？""为什么通用和福特汽车在美国卖的车型不是那些在新兴国家里很受欢迎的款式？""为什么在研发环保节能型的汽车方面那么落后于人？"

安哥勒面对咄咄逼人的观众一直处于被动的防守地位，只能一再强调——如果这个美国最大的制造产业倒台了,会波及上万人的就业和附带的社会医疗保障。油价高涨、经济萧条和环保意识,已经在逐渐地改变着美国人的汽车消费模式。以前美国人喜好大车、马力十足,促使美国汽车制造商大量生产卖得火热的越野车(SUV)。但现在,这类产品呆滞在厂里,影响了资金流转。反倒是一些亚洲汽车品牌,以节能省油攻下了美国市场。在人人都缩紧腰包的日子里,更加需要节油的出行工具。

第二节　搭便车到底可不可行呢？

　　20世纪30年代的经济大萧条时期，美国的汽车拥有率不能和今日相比。当年主要的长距离代步工具是火车，但是有很多的人掏不起钱买票，可又必须长途跋涉、从一个州穿行到另一个州寻找就业机会，于是便掀起了搭便车的浪潮，"hitchhiking"这个词就是在那个年代被编入美式英文字典，作为一个 slang（民间通用语）。一批又一批的移民工，站在马路旁竖起拇指，等待经过的大卡车或私家车给个方便，南下北上地去寻找工作，尤其是在庄园的农活。这个年代搭便车的浪潮被好些文学和电影记录，包括诺

▼ 陆虎揽胜

贝尔文学奖获得者约翰·斯坦贝克（John Steinbeck）的经典著作——《愤怒的葡萄》。

可到了今天，搭便车反而可能违反法律。因为基于"保护车主安危"的考虑，美国曾经通过了一些据说由交通公司支持的反搭便车立法。今天，许多的火车轨道也都已经消失了，而偏高的汽车拥有率反倒让那些少数没有车的人被看做"不正常"。还记得离开北京前，一位旅华的美国友人，听说我们打算在近距离的城市和城市之间，以搭大巴士的方式出行，一直提醒我们要"小心"。

她说大多数美国人，要么自己开车，要么坐飞机，那些沦落到要乘坐大巴的人……呃，总之要提防一点。

她这句话，再加上之前黑人出租车司机死活都不相信我和明霞两个女生，大半夜要赶到汽车站，坐8个小时大巴从哥伦布到芝加哥，这让我们在上路前，就有了心理阴影。幸好后来发生最坏的事，也只是大巴抛锚了，让数百公里的路，走了近12个小时。明霞后来说，那是她在美国最漫长和黑暗的一夜。那现在那些开不起车，又嫌飞机票上涨得太快的美国人，还有什么出行方式呢？现在已经有不少"共享汽车"的网络联系站，趁这个经济不景气的时候，大展拳脚。

也许下次再要移动到另一个城市时，我们也可以试试。

【拓展阅读】

和往日搭便车不一样的是，这些联系网里的会员，会把个人资料放在网站的系统里，此处，谁要去哪里、什么时候出行、多少人、是否要象征性收费等资料，也会一并显示。就这样，大家可以挑对象般地挑同行出游的会员。

第三节　从华尔街到华盛顿

　　就像华尔街的狭窄昏暗让我意外一样，华盛顿的朴实无华也不在我意料之中。华尔街毕竟还有高耸入云的摩登大楼，来映衬它世界金融中心的地位，而华盛顿作为集中了美联邦所有行政部门的权力之巅，却如乡村小镇般透着平民气息。在这里丝毫感觉不到权力的显赫、威严和震慑力。

　　也许权力在美国的价值观中就是个中性词——它不过是被民众赋予某种特定权限、完成特定事务的能力。或者，它根本就是个贬义词，就像在哈耶克的字典里，权力的本能就是无限膨胀、不受约束和腐败。所以，身在华盛顿的这些权力部门，无论国会山、白宫、国务院或财政部、农业部……或许里面无比气派，但门庭都很内敛，没有哪个部门胆敢招摇。国会和白宫还算是稍有设计感，农业部的大楼虽然有好几栋，却无比阴沉，显得灰头土脸。真正气宇轩昂、震慑人心的都是教堂与博物馆。

　　IMF——这个在全球金融秩序中扮演核心角色的显赫机构，也如见不得人般藏在华盛顿19街的拐角处。查好地图从最近的地铁站出来，第一眼看到的是"白宫就在正前方"的指示牌,却兜兜转转好几圈找不到IMF的大楼。一位优雅年迈的瘦高老太太看我铺展开地图,站在街头茫然四顾,问我是否需要帮助。当我告诉她我要去IMF总部时,她抬起手臂放在额头做冥想状,想了一会儿嗯嗯啊啊说,好像就在附近。我心想,IMF也太没面子了,华盛顿人对它基本视而不见,而且华盛顿市区的地图上也根本没有IMF地址的标志。

▲ 国际货币基金组织

在那个被告知是IMF入口处的街道拐角游走了好几个来回后,才猛然瞥见我一直在它身边门前打转的大楼,原来就是IMF的总部。难怪本地人都不清楚,IMF像生怕别人知道原来它就在这里似的,把标志小而隐蔽地刻在楼一侧的墙壁上。

【经济透视】

如果说作为经济中心的华尔街,充溢着刺鼻的金钱味道,丢砖你会砸到千万富翁的话,作为政治中心的华盛顿,没有丝毫严酷冰凉的权力气息,而是充满学术气,如果你出门撞了个满怀的那个人不是官员的话,八成他是个经济学家。

我在达拉斯的好友知道我在华盛顿,同情和不解地说:"东岸那些鬼地方天寒地冻的,你待那里干吗啊?快来阳光灿烂的得州!"华盛顿虽然与纽约一样寒冷,且远没有纽约的繁华和高楼大厦,但如果让我选择在其中一座城市居住和工作,我会毫不犹豫地选择华盛顿。

也许是怕纽约的有钱人太多,让我这穷人在那儿生活会备感人生灰暗失败,而在华盛顿就不会有那种落差感,而且此地似乎不仅"谈笑有鸿儒,往来无白丁",还有免费的午餐!因为智库无数,由各智库组织的论坛也无数。媒体只需在他们的网站注册,就

可以前去旁听。我们周一去听的那场论坛，就在国会山附近的一家高级酒店举行，论坛主题是："从华尔街到华盛顿——痊愈的药方"。讨论金融危机、美国政府的救市方案等。中国政府前一天晚上刚公布的巨额财政刺激方案，在这里也被屡屡提及。

午餐时分，演讲者继续在台上讲，下面圆桌上的听众，都被送上一份包含汤、面包、鸡肉、土豆泥与甜点，三道程序齐全的大餐！吃得林俐最后要将那巧克力蛋糕吐出来。顿顿绞尽脑汁省钱吃饭的我们，就这样享受了一顿免费的午餐。而且除了肠胃饱足外，大脑也被演讲者的滔滔不绝填满，精神食粮也饱足。

当日晚上，又发现著名的布鲁金斯学会周五下午有个关于IMF与G20峰会的讨论会。布鲁金斯学会是民主党大佬资助的智库，自由派立场毫不含糊。早在大选之前就有朋友告诉我，小黑马今年铁定当选，民主党人上台，布鲁金斯学会定有一批人会进入新政府当官或做幕僚，在华盛顿我可不能错过采访他们。

我第一时间赶紧注册！一分钟后就收到了确认我可以参加的回复邮件。于是我开始遐想，待周五一早交了稿，泡个澡、睡会儿觉，就去那里饱食一顿，算作对自己辛苦一周的犒劳。

第四节　你不能对冲世界

光头的理查德·麦德利喜欢讲故事，而且他故事的主角都是些神秘的大人物：

前几天，在IMF的一个会上，我遇到一些老朋友。他们都是些很有名的大人物。呃，抱歉我不能向你们透露他们的名字，总之他们都大有来头。他们有科威特人、伊朗人。其中一个，那家伙一脸严肃地跟我说："伙计，我觉得我现在可以回老家去了。"我很诧异，问他怎么回事。你们猜他说什么？他对我说："几十年前我被送来美国，是来学习你们的资本主义的，但现在看你们，已经变成社会主义国家了。我想我是时候回祖国去了。"

麦德利说，这些朋友两年前见到他时，还凑到他跟前说："嘿，伙计，你这一行，

> **【经济揭秘】**
>
> "你想把自己的风险对冲掉，你把风险给了全世界，但你不能对冲整个世界。"

▼华盛顿一瞥

很有趣噢！"现在他常遭遇斜眼，有人跟他直说："你们这行，很坏。"讲起故事来妙语连珠、幽默感十足的麦德利，自己也是个神秘人物。很少人知道他究竟在做什么、他有多少钱——他以自己名字命名创办的麦德利资本集团，其官方网站只有首页，公司背景、业务等资料都没有。

但人人都知道他是对冲基金业的老手，更知道他显赫的履历——他曾是国际金融投资大鳄索罗斯的长期合伙人、索罗斯集团的前首席策略师和执行总裁。在加入索罗斯集团之前，他曾在耶鲁大学讲授政治哲学，还出任过美国国会银行业委员会的首席经济学家。

11月10日上午，这位神秘大佬出现在华盛顿国会山附近的一家高级酒店。他是应新美国基金会之邀来为一个小型论坛"从华尔街到华盛顿——美国病愈的药方"做主题演讲的。不像其他演讲嘉宾屡屡超时，这位秃顶老头非常遵守会议安排，用不足20分钟的时间清晰地讲述了美国金融危机的病因，对冲基金业的问题、现状和下一步。

"你们想听我复杂地讲讲美国金融业这摊子破事，对不起，我做不到，因为这事实在太简单了！"麦德利说，"这不过是历史的又一次重演，一切金融危机的根源都是因为：免费的钱让人变愚蠢。"1986年就加入索罗斯集团的麦德利，在离开索罗斯单飞后，先后创办了两家以自己名字命名的投资公司：创办于1997年的麦德利全球咨询顾问公司，后来因表现出色，很快被大财团买下。后来高盛也入股这家公司，现在这家公司在投资业依然很有名气。

麦德利在这家公司被收购后离开，创办了新公司麦德利资本公司。在这家公司只有首页的网站，你惟一能获得的信息就是：这是一家私募投资公司，在纽约、旧金山和香港设有办公室。

这就是对冲基金与私募基金的典型特征：把自己藏得严严实

实。虽然对自己的公司绝口不提,但麦德利并不讳言对冲基金业在这场金融危机冲击下的惨状,"对冲基金业在未来一两年内面临重大的整合,和非常迅速的缩水"。

来自对冲基金研究中心的数据显示,截至今年上半年,全球市场大约有1.8万多家对冲基金,其控制的资产达1.9万亿美元。但这个数字也许将在很长时间内成为对冲基金业难以再超越的历史最高点。曾不管不顾、闷头发大财的对冲基金业,因美国金融危机的恶化,现在处境非常悲惨。今年10月,全球最大对冲基金公司——高桥资本管理公司传出裁员消息,发出了对冲基金业的危急信号。当月的调查数据同时显示,单9月份短短一个月内,投资者就从对冲基金管理公司撤走了430亿美元,约占全球对冲基金业资产总额5%。

不久前,麦德利的前老板,国际金融投资巨鳄索罗斯也已预言,全球对冲基金业将因美国金融危机而缩水2/3。浸淫对冲基金业多年的麦德利,面对自己本行的惨状,并没有为自己辩护,而是深刻反省了对冲基金业何以落得如此下场。他甚至认为,"对冲基金掌握的资金数字大幅减少,是件非常好的事"。

麦德利坦言,对冲基金业最大的问题在于,"它整个是建筑在别人的金钱之上的……那些倒下的投资银行也一样,都是自己没有拿钱出来的,而他们又过度使用了'杠杆作用'"。

"把一丁点资产,通过杠杆作用,通过证券化,扩大成好几百倍的资产,其实你的底子就只有那么

【财富望远镜】

对冲基金确实一直以来名声不好。这不仅因为它的每一笔投资都不见光,被它屏蔽和隐藏的信息,给资本市场带来许多风险,而且它自己为避险和套利而做的频繁的、大笔的操作,也常让市场在很短时间内巨幅波动。对冲基金的赢利常建立在别人损失惨重的基础上,它对冲的风险并没有消失,而是转嫁到了其他地方。

一丁点资产，"麦德利说，"现在我们该回归最简单的道理和规则了：如果你没有足够的资产，你就不要做买卖、做投资。银行业说他们有无数人丢了工作，这听起来非常合理，你就是凭空而来的。"

麦德利说，他在1986年加入索罗斯集团时，对冲基金的资金额还很小，而过去5年杠杆作用的使用，让对冲基金业迅速膨胀，直到走到今天的境地。麦德利认为杠杆作用的过度使用，结果是害人害己，"你想把自己的风险对冲掉，你把风险给了全世界，但你不能对冲整个世界"。因此，"现在美国监管层最需要做的，就是严格限制金融业的'杠杆作用'"。

"这将是改变整整一代人、甚至更多人的金融灾难，"麦德利说，对冲基金业得准备好"做个深呼吸"了，"我可不希望这个深呼吸来个三五八年，最好18个月能结束，但现实是，现在还远看不到尽头，我们还在这场灾难的正当中。"

第五节　G20峰会铺路金融秩序变革

来自发达和新兴国家的领袖们，带着各自的议案和诉求汇集于华盛顿，为可能改变一个已年过半百的国际金融秩序作出努力。"世界在改变，我们已经进入21世纪，不能把20世纪建立的秩序延续到21世纪。"法国总统萨科齐高举改革旗帜飞往华盛顿。"我们要更多的话语权。"巴西总统路易斯·伊纳西奥·卢拉·达席尔瓦说。

太平洋的另一端，中国在G20峰会前五天，推出了4万亿人民币的投资计划来拉动内需，吸引了全世界的眼球，为峰会提供了一个应对方案的参考议题。

但有观察家认为，这个峰会最终可能会沦落成一个"拍照大会"。美国对外关系委员会地缘经济研究员巴拉特·谢特瑟（Brad Setser）说："一个即将过期的政权（布什）不可能做出太多或具体的承诺，因为那些承诺可能会被明年初上台的新政权否决，这个前提已经大大地限制了峰会的实质成效。"

【政府有话说】

来自发达和新兴国家的领袖们，带着各自的议案和诉求汇集于华盛顿，为可能改变一个已年过半百的国际金融秩序做出努力。

在任期进入倒数之际，美国总统布什的告别作，是邀请二十国集团领导于11月14日和15日在华盛顿出席二十国集团领导人金融市场和世界经济峰会（以下简称G20峰会），共同商讨如何面对当前全球性金融危机和日益恶化的经济环境。

雷声大，雨点小

峰会本来就不是布什的主意，而是法国总统萨科齐的。在3个星期前的一个周末，萨科齐特地飞到美国总统休假的基地——戴维营（Camp David），游说布什担当多边对话的东道主。"我们要改变世界金融体制的游戏规则，"当时也是欧盟轮值主席的萨科齐说，"这是欧盟的共同立场。欧盟成员还拿出了一份如何推行全球金融体系改革的蓝图，指出必须加强全面监管、改革国际货币基金组织、制定金融行业行为守则以控制冒险行为、严管信用评级机构和重新审视会计准则并促进趋同。"

英国首相布朗则把这次的峰会比喻成第二个布雷顿森林会议，那次1944年召开的会议确立了美元为中心的体系，奠定了二战后的国际金融秩序、自由贸易和美国替代英国成为世界经济主导者的基础。

▼ 美国白宫

布朗还特地前往中东拉拢富裕的产油国,希望他们注资国际货币基金(IMF),让这个当年诞生于布雷顿森林会议的产物,重振其财力去辅助陷入经济困境的国家。

而对美国含有怨气的巴西总统说:"现在我们大家都被迫为美国的问题埋单。现在的体系已经像纸房子般的塌下,一并垮掉的还有对经济不干预政策的信念。"

这些言论似乎让人感觉到金融秩序变革已经风雨欲来的压力。但是华盛顿很安静,布什很低调,自宣布了峰会的地点、日期后,没有对G20峰会直接发表意见;而他的接班人奥巴马则表示,一国不能同时有两个最高领导人,所以他会缺席,但会派代表跟进。

峰会召开的两天前,美国白宫和财政部官员出面预告了峰会的焦点议题,基本上否决了由法国提出的国际化单一的集体监管

▼ G20 的代表人物

金融体系机制，同时也刻意降低外界对峰会寄予的厚望。总统助理丹·派赖斯在新闻发布会上说，峰会的主要议题可能围绕着5个议案进行——确认危机的根源、检讨各国已经出台的措施和未来的可行方针、洽商监管体制改革的原则来预防历史重演、确认可以执行原则的领域和建立特别工作小组来跟进。而所有的讨论都必须建立在认同自由贸易原则的基础上。他说这个为期两天的峰会只是为了达成原则上的共识，而各国的领导会尽快再次碰面洽商。

布雷顿森林体系升级

峰会拉开帷幕前，最常被提及的是它可否带来布雷顿森林体系2.0的新版本。

IMF首席经济学家、研究部总裁奥利弗·布兰查德（Olivier Blanchard）认为，即便有新一轮的改革，规模也不可能和当年比。"我更愿意叫它'布雷顿森林体系1.5'。我的意思是，我们应该更加现实主义地来设想一个新的世界金融体系。"他说。以目前的情况来看，布兰查德认为如果能够建立一个全球层面的金融监管制度和一个新的国际级别管制规则，那就已经是达到了更新、更好的国际金融秩序。

金融银行业界人士也认同，觉得目前的金融体系不需要革命性的大改变，而是需要调节和建立更有效的跨国监管系统。但对巴拉特·谢特瑟而言，布雷顿森林体系2.0早已经出现，而且现在正面临着终结。他指的布雷顿森林体系2.0是：中国和一些石油出产国资助美国无底洞般的扩张式消费，通过这个模式支撑大量出口来拉动国内经济增长。而目前受到金融危机冲击的美国和欧洲放缓进口，这个模式将不可持续。他在三年前预测国外对美国国债的需求会萎缩，资金账户将出现巨大的不平衡，依赖房地产的美国经济将受到打击。但出乎意料的是,银行和金融业在那发生之前先垮台了。"还有一点让我意外的是,现在的金融危机没有削弱美元的地位,反而让它重新变成焦点,因为各国都在找短缺的美金。不但美国要新增对国外央行的交换额度,持有大量美元储备的国家,如中国、日本、沙特阿拉伯等,也成为他国寻求美元的目标。"他说。危机蔓延后,美元的汇率反而上扬,油价也开始下滑。

聚焦中国

在刚刚过去的一周时间里,在华盛顿召开的大大小小经济论坛,都无可避免地分析中国最新出炉的4万亿人民币经济刺激方案,和揣摩中国对援救他国的态度。

美国对外关系委员会地缘经济室主任瑟巴斯提安·马拉比(Sebastian Mallaby)在10月底写的一篇社论,把这次的峰会和60多年前的布雷顿森林会议做了个比较。他写道:"布雷顿森林会议,看似多边会谈,但却主要是英国和美国的博弈。今天,美国就像是当年的英国,而中国则要扮演过去的美国。"马拉比的同僚谢特瑟,却不完全认同这个对比。谢特瑟指出,当年美国的经济实力,占国际比重50%。"当然,这个数字是有偏差的,因为当年全世界都因为二战耗损了经济、产量,并因此负债,

▼总统大厦

【经济透视】

中国官方始终保持低调，胡锦涛主席启程赴峰会前，只通过外交部新闻发言人发出措词严谨的表态："要着眼长远，对现有的国际金融体系进行全面、有效和必要的改革，建立一个公平、公正、包容、有序的国际金融体系，更好地发挥它监督、预警和帮助有关国家特别是发展中国家的职能。"

外交部发言人也表示："各国领导人发出信心、团结、果断、负责任的信号非常重要。"

美国是例外，这无疑占了经济优势。"他说中国今天的实力还远远不及。

谢特瑟认为更重要的是，中国也没有太大的意愿做领导者。"中国知道要做领袖是要付出代价的——越多的话语权，附带的是越多的责任。而且中国也不希望外界压力干涉它的汇率政策，它希望能够按照自己的步伐推行政策。但如果要做领导，它就必须在汇率问题上妥协"。

IMF执行总裁达拉拉也有同感，觉得中国发出的信号，显示它不想扮演更加积极的国际角色。"其实在这个危机中，是中国可以发挥更大作用的时机。也是其他新兴市场可以在国际组织中谋得一席之地的时机"。

然而这个话语权是有价钱标签的。例如说，目前的IMF只有2 500亿美元的资金，远远不如一些国家的外汇储备金。因此，有不少专家呼吁让更多的国家把储备金拿出来，注资到IMF里，作为一个共同的资源库，为需要的成员国提供帮助。出资越高者一向被视为更有话语权，但是IMF一再强调话语权更多的来自参与度。

第六节　财富名人榜——亨利·福特

　　1863年7月30日，福特出生于美国密歇根州底特律市郊的一个小城。

　　1880年4月11日，福特独自一人到底特律的密歇根汽车制造公司谋生。但在这家拥有2 000人的底特律最大的工厂，福特只工作6天就辞职不干了，原因是"该公司的优秀员工需要花费好几个小时才能修复的机器，我只要30分钟就可以修好，因而其他员工对我十分不满"。后来，他又先后从事过机械修理、手表修理、船舶修理等工作，并且还一边工作一边参加夜校学习。

　　1896年6月4日，福特的第一辆汽车诞生了，尽管这辆车速度极慢，形状奇怪无比，但却是福特和朋友的杰作！这也是底特律的第一辆汽车！福特开着这辆车在城里转来转去，引来了许多人的围观，别人都叫他"疯子亨利"！

▼ 福特汽车

　　1902年11月，福特

终于有了一个自己的公司——福特汽车公司。1913年春,世界上第一条汽车流水装配线在福特的工厂里诞生了,大规模流水装配线带来了生产方式上的革命。福特公司连创世界汽车工业时代的生产纪录:1925年10月30日,10秒钟装配一辆汽车,这样的速度让同行为之震惊。而这种以流水装配线的生产方法和管理方式为核心的福特制造,为后来汽车工业的发展树立了楷模,掀起了世界范围内具有历史进步性的"大量生产"的产业革命。从1908年诞生到1927年的更新换代,福特生产的T型车数量是整个世界汽车总量的一半。

1947年4月7日,亨利·福特因脑溢血死于底特律,终年83岁。

名人故事

福特先生是一个很固执的人。他曾经说过:"你可以订白色的、红色的、蓝色的、黄色的、黑色的,订什么颜色的汽车都可以,但是我生产出来的汽车只有黑色的。"早年福特汽车的颜色只有黑色一种颜色,他相信黑色的就够了。他还说过:"如果你相信你能做到或者不能做到,你都是对的。"现在福特公司的员工还常常用这句话来相互勉励。但是正是因为他的固执,坚持自己的看法,他对市场、一些新的经营概念并不是特别的在意,因此从30年代后期到40年代以前,美国的汽车市场就发生了很大的变化。当时美国的汽车品牌很多,有一百多个车厂,通用汽车就是在这个时候拿到了美国最大的占有率。

第六章　财富集中营

——财富专家不会告诉你的那些事

在华尔街丢一块砖，你会砸到一个银行家；在华盛顿丢一块砖，你会砸到一个官员或者经济学家。华尔街毕竟还有高耸入云的摩登大楼，来映衬它世界金融中心的地位，而华盛顿作为集中了美联邦所有行政部门的权力之巅，却如乡村小镇般透着平民气息。在这里丝毫感觉不到权力的显赫、威严和震慑力。

在21世纪的当今世界，规定权力与财富分配的游戏规则已经改变。正如美国著名未来学家阿尔温·托夫勒所说："知识资本最终将导致'世界财富的一次大转移'，转移到知识资源掌握者手中。"

财富的含义，正在从诸如黄金、货币或土地之类的有形资产逐步转移到无形的知识，即谁拥有更多知识，谁就拥有更多的财富。

权力的内涵，也将不再以某个特殊的位置为标志，而以对知识的驾驭和控制为基础。在脚步日益清晰的知识经济时代，社会财富的分配是以知识为轴心的。

在生活中的一切领域，我们都能感受到一种以知识和信息为基础的社会的转变。

而今天，财富分配的规则很显然已经真正以知识为轴心。

第一节　财富属于那些满足大众品位的人

一位富有的来自西雅图的贵妇，从巴黎一家有名的沙龙里购买了一件十分昂贵的晚礼服。回家后，她惊骇地发现，在当地最好的一家百货公司的橱窗里展示的正是这件礼服的复制品。她立刻就下定决心，再也不会穿这件昂贵的礼服了。

亨利·福特发现他在小汽车产业里长期以来坚不可摧的地位正在动摇，因为越来越多能买得起小汽车的家庭不愿意购买福特车。他们的理由是现在福特车太普及了，简直成了某一社会阶层的标记，不再是身份的象征了，但事实并不像人们想的那样。

社会名媛引进一件新款礼服，立刻被普通制造商大量复制，几乎是一夜之间普及了这种款式。款式一旦普及，那些名媛贵妇就立刻放弃这种款式，去寻找其他不是大街小巷都能看得到的款式去了。

您觉得衣服跟商业没有什么大的联系吗？

我认为，基于这几个例子所揭示出的人性问题，我看到了一种民族进步或是民族革命的到来，这一革命将强有力地影响商界的许多行业。

【财富揭秘】

现在不少财富都等着那些准备迎合大众这一新需求的人去攫取，大众需求那些能体现美国最高技术的东西。现在对于外国古董的狂热已经有些减退，人们开始更愿意收藏那些能体现美国本土艺术和技能的产品。大规模生产的东西已经无法满足那些挑剔的有钱人了，他们现在想要与众不同的东西。

简言之,越来越多的美国人和美国家庭已经达到了一定的文化层次和财产地位,这一地位使他们有能力开始追求有别于大规模生产的东西,有别于严格标准化的东西,有别于普及的、平凡的东西。

现在人们疯狂地挑选最独一无二的家具、挂毯、室内陈设品、小汽车、半导体、手表和珠宝、服饰、书籍、包装等物品。专门给人家定做最昂贵的锁具和其他器皿的工匠告诉我,他根本就无法应付那些如潮水般要求制作最好器皿的电话。在这个国家,好的工匠数目还不够一半的需求量呢!

诚然,大规模的生产曾给这个国家带来了难以估计的繁荣富强。但是随着人们品位的提高,随着不断地旅行和学习,人们越来越渴望拥有真正品质、独一无二的物质,而且成千上万的家庭也有足够的钱来满足自己的这一愿望。

令人高兴的是,一种更广泛更深入地鼓励美国现代艺术和工艺的愿望正在不断发展壮大。其潜在的精神并不是赶时髦,尽管有时候,赶时髦确实是有想要拥有稀罕物品的潜在意识。现在爱国主义精神、博学精神和对美的热爱正在酝酿之中。

在学会了如何生存之后,美国终于培养了某种值得嘉奖的野心,某种想要高于生存状态的野心。美国人希望拥有真正有价值的、能永远美丽的、浸染着设计师的生命和灵魂的物品。

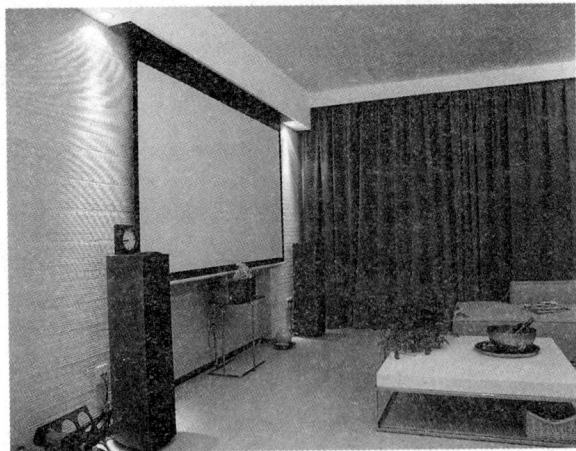

▲ 家庭室内一瞥

第二节　小本生意的失败和大型企业的成功

为什么这么多小本生意失败？

为什么这么多大型企业成功？

一个原因就是，许多从事小本生意的商人并不知道金融占星师和天文学家的区别。

现在成功人士越来越注重对各类商业知识的学习。他们学习金融、工业、营销、运输、工程、信贷、劳工、社会、社区环境和人性等各方面知识。占星术不能算是科学，而天文学则是。

换句话说，太多小本生意的商人只是在猜，单凭经验做事，他们只看得到眼前的事情。

有头脑的商人则致力于发展全面的知识，收集全面的信息，采用全面的观点，培养全面的想象力。

我们最精明、最富有的投资者们已经意识到，他们所投资的并不是工厂或车间，经过最终分析，他们投资的是人性。我们最进步的金融机构也意识到了这一点。

例如，某位有钱的投资人或某家银行对某家工厂感兴趣，他们会派一名或几名专家对该公司进行彻底的

【财富点拨】

那么，在这些投资者掷重金投资某个企业或某一财政机构时，在给某家公司放贷或为其发行新债之前，他们都会怎么做呢？简单地说，他们会对这个公司进行彻底的调查，不仅要调查公司的固定资产，还要调查公司的人力资源。

调查，他们会调查该公司管理层的特点和管理才能，还会调查工厂职工对其领导层的态度。职工是否对这个工厂忠诚？劳工变更率是高还是低？大多数职工们的能力是否胜任工作？工厂建立的位置是否便于连续不断地获得有效率的劳工？工厂所在社区有没有能够吸引高品质职工家庭的学校、教堂和娱乐设施？当地居民是否对这个工厂评价很高，还是说公众和行政机构对其充满敌意？

现在，所有运作良好的投资方都要先弄清这些方面，再根据这些具体情况做出合理判断。

难道我们从未意识到，其实每一方面都跟人有关吗？

第三节　没有谁是十全十美的

　　我把一块蒂法尼腕表送到蒂法尼工厂去校准，因为这块表走得太快了。我把表递给专家，他问我这个表快多少，他调了调，几秒钟后又把表还给了我，说道："如果还不准，就再把它送过来。"

　　"我把它留在这儿，等你把它彻底修好再拿走不行吗？"我问道。

▼ 手表

【经济透视】

　　一个总裁能够草拟出一个完美的企业蓝图，然后疑惑为什么在实践时，此蓝图进展得并不顺利。销售经理可以为他的销售人员设计出一套绝妙的销售词，但销售人员却发现在现实销售中，这套销售词并不能获得令人满意的效果。

"就算你把它放在这儿6个月也没用。"他回答道。

"为什么？"我问道。

"虽然现在我可以把它校准，但不能保证你戴上后还能这样，它会受到你的动作和其他事情的影响。"

我们中的许多人不都像手表一样吗？只不过自己不知道。我们都有很好的理论，却不知何故无法在现实工作过程中开展这些理论。

发明家或工程师生产了一套机械装置，在实验室里运行得很完美，在现实操作时却突然出现差错；年轻人以优异的成绩从大学毕业进入企业，却无法适应混乱的工商界；一个总裁甚至一群总裁坐下来草拟了一个预算，根据这个预算公司能在年末得到很好的利润，然而，预算结果在年末却没有实现。

如果连蒂法尼手表都没法保证每日的精准，难道我们不该时刻准备好，以对付现实情况下随时会出现的差错吗？总裁们制订出理论，规划出一个完美的计划并没有什么错，但是如果他们期待，这个理论和计划可以在这个不完美的世界里表现得十分完美，那他们就大错特错了。

对待自己的和别人的工作，我们尽百分之百的力量去做，但不要期待完美。

第四节 哪个行业都能赚钱

自从工业开始大规模地发展，获得财富不仅成为可能，而且在美国到处都是一夜暴富的机会。工业规模发展得越快、越大，个人获得财富的机会也就越大。

在范德比尔特和阿斯特时代，除了铁路业、房地产业、银行业和贸易行业，很难在其他领域获得财富。

人们曾一度在铁路业收获巨大的财富，有些人通过投机，并且是可疑的投机手段从中获得财富，而不是仅仅通过建造和发展铁路。

一些往日仅能勉强糊口的穷矿工变得富有，从那以后，金矿业、银矿业和铜矿业也造就出了大量的百万富翁和千万富翁。

丹尼尔·C.杰克林开辟了一条新的致富之路，他偶然发现了一套开采犹他州铜矿的办法。从此以后，他的很多财富都来自于板岩矿。以前没有人开采它们，是因为这种矿石金属含量过低。

然后塞勒斯·麦克米克和他的收割机出现了，塞勒斯从收割机里也积累了大量财富。

再以后,出现了菲尔·阿穆尔和古斯塔夫斯·斯威夫特和他们所带来的新兴的食品包装工业。这一行业给一些人带来了创造财富的手段。

马歇尔·菲尔德、斯图尔特、沃纳梅克和其他一些人开始了大规模的商品销售活动,从此很多商人跻身百万富翁之列。

当宾夕法尼亚州的一些油田开采之际,吸引了大量的冒险家。约翰·D.洛克菲勒早早就先到那里经营,没有几个产业能像石油业那样创造出这么多千万富翁。

卡耐基崛起于钢铁业起步的时代,当然这一基础产业也使许多人跻身千万富翁之列。正如卡森的著作——《钢铁传奇》的副标题所写的那样:一千个百万富翁的故事。

与钢铁业密不可分的煤炭业,也创造出了几个像弗里克那样的千万富翁。

联合企业,尤其是在纽约和芝加哥这样的大城市,为许多商人和政客们创造了一个个有利可图的行业。

烟草产业扩张到了十分庞大的体系,该行业也造出了很多有钱人。

木材产业也是这样。

化学产业也是这样。

棉花和羊毛业也制造出很多百万富翁。

工程业和收缩业也是一样。

再想想由于那个现代发明——小汽车,所造就的有钱人群。毋庸置疑地说,在最近20年间,这个行业将许多穷人转变成了有钱人。现在的中年人曾生活在被阿拉丁神灯点亮

【财富点拨】

　　近年来,我们看到从事电灯和电力行业的领袖们开始建立大型企业并聚集了大量财富。无疑,我们将看到更多电力行业百万富翁的崛起。

了的时代。

还有那个更现代的人类奇迹——电影的产生。想想这个行业带来了多少的机会和财富。

连锁店也是20世纪二三十年代的产物，看看有多少人因为经营这些连锁店而变得富有。

正如我们所知，现在的邮购行业还很年轻。当我们想到邮购行业的时候，我们也只能想到一两家大型的邮购企业。但事实是，许多企业正是从邮购业起家，逐渐将生意扩展到其他行业，进而获得巨额财富的。

近20年来，新的化学加工方式也创造出了很多财富，这个行业也是刚刚开始崛起。

凭着他的安全剃胡刀，吉勒特采到了新的"金矿"。

很难想象早餐食品也会成为相对较新的产业，然而事实确实如此。我们这些成年人在童年的时候从没听说过"土司面包"，也没见过小麦片和葡萄坚果，而现在各类早餐食品就多达57种。

上世纪之初，人们还不了解刚刚出现的留声机。但这20年来，

▼客 机

【财富揭秘】

　　在这个发展迅猛的时代，我们以为非法卖酒是唯一通往暴富的途径，但事实是，在我们这一代，有比以往任何时期都多的致富途径。而且明天会有更多的机会，只要你能知道如何找到它们并且成功地利用它们。

CD系列和音乐一道创造了大量的财富。

　　现在，也许没有一个产业能比得上电冰箱产业的发展速度，而且它还有继续发展的空间。

　　再来说说无线电，它也为我们提供了获得财富和名望的舞台。

　　如果现在就预测说飞机制造业很快就会创造出许多百万富翁，算不算是言之过早呢？

　　我们身边一直都有很多的发明家，但除了爱迪生，没有几个发明家以其财富而闻名。然而，这一具有无限潜力的行业无疑将在未来产生出比过去多得多的百万富翁，现如今，大规模生产就是一切行业的定律。

　　可以说，我们现在还没有将农业产业化。但是这个行业的发展前景就是，农业将慢慢出现和其他产业一样的杰出的大富豪。

第五节　市场永远是存在的

在纽约就曾经有这样一家公司，但现在这家公司在这方面已经改进不少，这得益于一个年轻人的无畏和努力。

这个公司的办公室里有个富有野心的年轻人。他一周只挣40美金，他很想成为销售人员，赚到更多的钱。终于有一天,这家公司的主管对他说,他可以出去做销售:

"我可以预支给你两个月,每周40美元的薪水,并且只要你愿意,你可以随时回到办公室。正像我跟你说过的那样,我们的销售工作都是由那些长期跟顾客打交道的人来做的,而且我们已经反复筛查了整个市场,几乎再没有市场可以挖掘了。这是我们已有的客户名单,你不能再去争取名单上的任何一个客户了。我祝你好运,乔,但你一定要清楚,形势对你并不有利。"

乔拿了两个样品就出去了。头几周,事情看起来没有任何改观。他的手磨出了水疱,结起了老茧。但订单也随之而来,在两个月快结束的时候,他赚的钱已经超过了他的

> **【透视经济】**
>
> 沿着老路做的事情,其结果很容易猜得到,根本不用费力,这也是它为什么平淡无奇的原因。有多少企业,多年来一直在一个固定的社区里卖产品,他们把这里的顾客当成是最终的销售目标,因为他们已经与这些顾客们建立了愉快的并可以从中获得利润的良好关系。

预支账户。六个月的时候,乔的名字已经列在了都市销售人员的排名之首。

他是如何做到的?是通过坚持不懈的努力工作做到的,通过他的手、他的腿、他的头脑,以及拒绝相信世上有做不成的事情这一谬论做到的。现在每个公司都想要更多的"乔",当然要看他们能不能找到。